テーブルコーディネートの
プロが教える

素敵なおもてなし
厳選アイテム
80

食空間プロデューサー

山本侑貴子

講談社

はじめに

今まで出版した本では、おもてなしのノウハウやテーブルコーディネートのテクニックを披露してきました。ありがたいことに、それらの本に掲載された私物の食器や小物について、数多くの問い合わせがあり、今回、おもてなしに使える"モノ"だけに特化した本を出させていただくことになりました。

おもてなしをしようと思ったとき、食器やグラス、食材を選ぶ作業は、とても大切なステップです。なぜなら、それらはおもてなしのテーブルを作るうえで、欠かせないアイテムだからです。

食器好きだった母の影響もあり、大学の卒業旅行で行ったヨーロッパで、「ウェッジウッド」と「リチャードジノリ」のカップ＆ソーサーを買って帰ってきた私。今思うと、そうした素晴らしい食器たちを買いそろえることが、現在の仕事への意欲をかりたてるとともに、大切な準備期間だったのかもしれません。

＊本書で紹介したものは、すべて著者の私物です。現在も入手できる商品とは限りません。

本書では、テーブルコーディネートを始めて20年間の私の経験の中から、幅広く、そして末長く使えるものだけを厳選しました。

皆さまも、この本を参考に、新たなアイテムを、楽しみながら増やしてみませんか？ あなたのおもてなしのお役に立てることを祈っています。

山本侑貴子

目次

- 02 はじめに
- 06 **Part 1 食器**

  白・ガラス
  - 08 レイノー
    オマージュシリーズ
  - 10 クリストフル
    メトロポリス、マルメゾン
  - 11 ナハトマン ボサノバ
  - 12 百田陶園
    1616／TY"Standard"
  - 13 Sghr
    ディンプルⅡ 鉢
  - 14 ニデルヴィレ Henry Ⅳ
  - 15 バカラ ミルニュイ

  黒
  - 16 Gaku Shakunaga 薄鉢、台皿
  - 18 Jars 深鉢
  - 19 ウェッジウッド
    バロック カラー

  その他
  - 20 アリタポーセリンラボ ジャパンスノー
  - 21 SERAX PURE の皿
  - 22 NAGAE＋ RATIO
  - 23 HOTEL HOLIDAY HOME
    出西窯 呉須のドラ鉢
  - 24 高橋工芸 Kami シリーズ
  - 25 ロイヤルクラウンダービー
    ブラックエイビス

- 28 **Part 2 グラス＆カトラリー**

  グラス
  - 30 木村硝子店 ワイングラス3種
  - 31 イタレッセ
    シャンパングラス プリヴェ BEACH

  タンブラー
  - 32 Sghr タンブラー デュオ
  - 33 SUS gallery チタンカップ

  カップ
  - 34 G.D.A カップ＆ソーサー パレルム
  - 35 イエナ グラス
    ティーカップ＆ソーサー グッドムード

  その他グラス
  - 36 木本硝子 江戸切子グラス KUROCO
  - 37 エルキューイ ウォッカグラス Nura

  カトラリー類
  - 38 D&D ナイフ＆フォーク ジョイエッロ
  - 39 NAGAE＋ 箸 Form
  - 40 クリストフル 箸 ユニ
  - 41 モダンな箸置き
  - 42 KEYUCA サービングトング Rocee
  - 43 ひとクセ素材のサービングスプーン＆フォーク

Column

- 26 No. 1
  紹介したテーブルウェアを使ってコーディネート
  ナチュラル＆オーガニックディナーパーティ
- 44 No. 2
  私のテーブルコーディネートに
  欠かせない、ガラス小物
- 60 No. 3
  紹介したテーブルウェアを使ってコーディネート
  和モダンパーティ
- 70 No. 4
  ワンピースがおもてなしの制服です
- 71 No. 5
  サニタリースペースにお気に入りの香水を
- 90 No. 6
  High & Low 私的ワインリスト

46 Part 3 ランクアップ小物

48 ボルゴ デレ トヴァーリエ
フリルナプキン

49 アレクサンドル チュルポー
テーブルランナー

50 Henry Dean フラワーベース

51 バカラ フラワーベース アルルカン

52 イタレッセ ケーキスタンド ボッレ

53 エルキューイ
プティフールスタンド

54 ル・クルーゼ
小ぶりなサイズの鋳物ホウロウ鍋

55 ナハトマン
キャンドルホルダー スライス

56 岩鋳 急須 曳舟

57 SCIP ラギオール ソムリエナイフ

58 オリーブの木でできた
テーブルウェア

59 イタレッセ シャンパンボウル ボッレ

62 Part 4 おもてなしの心遣い

64 SIWA｜紙和 スリッパ RPF Type

65 Dr.Vranjes ディフューザー

66 タオル美術館
今治タオル プラチナムジャスト

67 モルトンブラウン
ハンドウォッシュ＆
ハンドローション

68 ゲストブック

69 カルテル ロースツール ストーン

※ページ内の
☁ は商品の購入情報 📖 は使い方の情報です。
価格は 2015 年 12 月現在のおよその価格（税抜）です。
参考にしてください。

72 Part 5 食材

調味料

74 アサムラサキ かき醤油

味の兵四郎 兵四郎のあわせ酢

75 ひかり味噌 無添加有機味噌

セルマランドゲランド ゲランドの塩

76 ディーン＆デルーカ
レモンオリーブオイル、
ガーリック＆タイムオリーブオイル

ジュゼッペ・ジュスティ
ホワイトバルサミコ酢

77 プルノット 豆と野菜の煮込みソース

グラン・フェルマージュ セル・ドゥ・メール

便利な瓶・缶食材

78 オリヴェーリ ペッパーのアンチョビ詰め

ラ プティット エピスリー
ブラックオリーブ オイル漬け

79 コンサーヴァリ・デ・ミル・ソース
いのしし肉のパテ

キャプテンクック オイルサーディン缶

お取り寄せグルメ

80 ゐざさ 寿司の折り詰め

81 テット・ド・モワンヌ

82 中勢以 ベーコン

83 パーク ハイアット 東京「デリカテッセン」
レトルトカレー

84 下鴨茶寮 料亭の合鴨ロース

85 三春 笹巻きご飯

デザート

86 アンダーズ 東京 エクレア

87 フレデリック・カッセル ミルフイユ ヴァニーユ

88 菊家 上生菓子

89 神戸酒心館 福寿 酒粕アイス

にしき堂 ふ餅

94 おわりに

95 SHOP LIST

Part 1

食器

料理で "色" がのるので、
お皿は基本的に無彩色のものを選ぶのがおすすめ。
私の考える無彩色は、白、クリア（ガラス）、
そして黒の3色。この3色と合わせやすく、
重宝するのが、グレーやシルバーのお皿です。
ときにアクセントとして使える柄ものや
形がデコラティブなものも、
無彩色のお皿たちと合うモノトーンを選びます。
最近は、これらに "Made in Japan" のものを
取り入れて使うのが、私の中のトレンドです。

白・ガラス

レイノー
オマージュシリーズ
幅広のリムが、どんな料理も格上げして見せる

アメリカ料理界の頂点に立つシェフ、トーマス・ケラーがデザインした「オマージュ」シリーズは、私が最も愛するお皿。模様の変化が楽しく、あえてバラバラにそろえました。でも、形と大きさが同じなので、一緒に使っても統一感があります。このお皿の最大の特徴は、何を盛っても高級感が出ること。それこそ、家仕様のパスタやカレーを盛っても、レストランでサーブするような料理に見えるんですね。ただ一点だけ難点が……この直径32cmの大皿、食洗機に入らないんです！　なので、一つ下のサイズ、直径27cmのものは気軽に普段使いもできて、おもてなし初心者の方にはおすすめです（実は私も27cmを普段使い用に、つい最近買い足しました）。

ビュッフェプレート（直径32cm）
左上から時計まわりに、オーバルCT 約8000円
ラウンドセンター 約6000円　ラウンドCT 約8000円
スクエアセンター 約6000円
※「エルキューイ・レイノー青山店」で購入。

模様を生かした、"おめかしした料理"がとてもよく合います。なので、焼いた肉や魚の下にソースを敷いたり、リムをソースでデコレーションする料理がおすすめ。

重ねて使えばよりエレガントに

深さがある「ディーププレート」も「オマージュ」シリーズの一つ。スープやカレーなど、汁けのある料理をお出しするときには、こうしてその下に敷き、ダブルソーサーにして使います。

09

クリストフル
メトロポリス、マルメゾン

愛用歴15年以上。一度として「古い」と感じたことはありません

職業柄、さまざまな器との出会いがあるため、一つのお皿を10年以上使い続けることはあまりありません。ところが、このお皿との付き合いは15年以上。飽きるどころか、使うたびに"懐の深さ"を感じさせ、驚かされています。

重ねて使うこともあれば、バラで使うこともあります。何しろ前菜から、メイン、デザートまで何を盛りつけても様になるんです。ここまでキャパシティの広いお皿というのはないんですね。

この「メトロポリス」シリーズには黒もあるのですが、オリエンタルな印象が強く、和と洋、幅広く使うのでしたら、私は断然グレイをおすすめします。

下・メトロポリス ディナープレート
（直径約26cm）
約1万4000円（現在生産中止）
上・マルメゾン デザートプレート
（直径約21cm）約1万円
※クリストフル直営店で購入。

21cmプレートは小さな前菜をいくつかのせてサーブしたり、取り皿としても活躍。26cmプレートは、ティータイムのときにあえてケーキをのせる使い方も私は好きです。何の変哲もないショートケーキやチョコレートケーキをのせても、余白が生き、とても高級感ある盛りつけになるんです。

ナハトマン
ボサノバ

生徒たちが買いに走った、おもてなしにぴったりな一皿

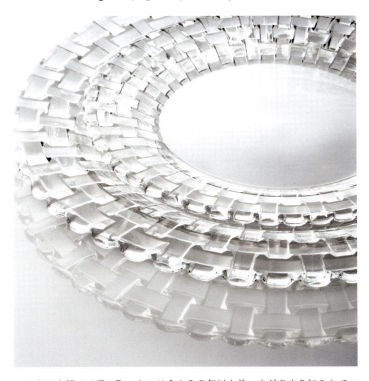

このお皿を初めて手に取ったのは今から5年以上前。まだあまり知られていなかったお皿でしたが、私のテーブルコーディネートの教室のレッスンで使用したところ、生徒たちがほぼ全員購入したという逸話があります（笑）。お値段的にも手が届きやすいのにデザインとクオリティはいい、そこが「ナハトマン」の大きな魅力だと思います。この「ボサノバ」は、その中でもリムの華やかさが特徴。たとえば白身魚のカルパッチョ風のようなシンプルな前菜をのせても、このリムがあることでスペシャルな一品に格上げされるので、とても"おもてなし向き"のお皿だと思うんです。私はラージとスモールを所有。この2つを重ねて使っても素敵ですよ。

下・ラージプレート（直径32cm）
約4000円
上・スモールプレート（直径23cm）
約2500円
※ナハトマン直営店で購入。

ガラスならではの透明感を生かし、秋冬は、下に敷くクロスを黒やダークブラウン、ワインレッドなどシックな色にすると、通年使えます。また、私は冷たい料理だけでなく、グリルした魚のソースがけやフリットなど、温かい料理も盛りつけて楽しみます。

百田陶園
1616／TY "Standard"

普段使いもできる、シンプルで現代的な有田焼

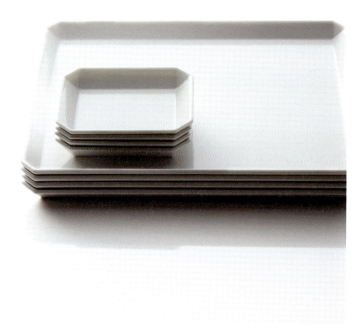

　ここ数年、日本の食器にとても惹かれています。そんな中で出会った、このお皿。有田焼というとイメージする染め付けではありませんが、現代的なシンプルさがとても気に入りました。"世界に向けて発信したデザイン"というだけあり、のせる料理も使うテーブルも、和洋中を問いません。また、スクエアのお皿というのは、おもてなしのときにとても映えるんです。料理というのは丸っこいものが多く、直線的ではありません。そのため、四角いお皿に盛ると視覚的にしまって見えるんです。
　このお皿、マットなグレーもあり、それも個性的で素敵ですが、私は料理の種類を問わない白をセレクトしました。

スクエアプレート
下（縦20×横23.5×高さ1.2cm）
約2000円
上（縦7.5×横9×高さ1.2cm）約500円
※「百田陶園　パレスホテル東京店」で購入。

大きいほうは、焼き魚や、和菓子を規則的に並べても素敵です。小さいほうは、しょうゆ入れとしても使えるし、和のおもてなしの締めのごはんと一緒にお漬物を盛ってサーブしても。大と小を重ね、大きいお皿にバゲットをのせ、小さいお皿にオリーブオイルを入れる使い方もいいですね。

※「1616」シリーズのこの数字は、有田焼の祖である李参平が、佐賀県有田にて日本初の陶磁器を焼いたとされる年を表す。

Sghr
スガハラ
ディンプルⅡ 鉢

華やかなテーブルにも見合う
ガラスのサラダボウル

　サラダボウルというと、カフェでよく見かける、調理用の耐熱ガラスボウルのようなものが多いですが、それだとおもてなしの際、華やかさと風情に欠けます。だから私はいつも、サラダを盛る際は、この鉢を使っています。このでこぼことした模様、人工的につけているのではなく、ガラスが冷えて縮む際にできる、自然の"風合い"なんですよ。ランチのおもてなしのときなど、この凹凸に日の光が当たると本当にきれいで、テーブルのアクセントになります。

　また、"深さ"もちょうどいい。小さいほうは2人分、大きいほうは4～5人分盛ると、ピタリとはまる大きさで、使いやすいんです。

右・鉢 M-120（直径12×高さ6cm）
約2200円
左・鉢 M-150（直径15×高さ7.5cm）
約3500円
※Sghr直営店で購入。

サラダだけでなく、冷たくした煮浸しやフルーツポンチを入れても。息子のお友達が遊びに来たときなどは、ポップコーンなどのスナック菓子を盛って出したりします。また、フラワーベースとして使うこともあります。鉢に水を張り、ガクのところで切った花を浮かべます。

13

ニデルヴィレ
HenryIV

おもてなし初心者にも使いやすい、温かみのあるデザイン

「ニデルヴィレ」は1735年、フランスで創業した老舗陶器メーカー。フランス王室御用達だった歴史もあります。グレーがかった白と、ぽってりとした質感が特徴。リムがレーシーにデザインされたお皿が多いのですが、この「HenryIV」シリーズは、とてもシンプル。ブランド独自の刻印が印象的です。同じ白いお皿でも、「レイノー」（08ページ）はレストランのシェフが作るようなシャープでスタイリッシュな料理を盛るためのものですが、こちらは"カントリーテイスト"なので、ヨーロッパのお母さんが作る家庭料理を盛りつけるためにあるようなお皿です。気心の知れた女友達をもてなすときに使いたくなります。

ディナープレート（直径約28cm）
約5500円
スーププレート
（直径約20×高さ約5cm）
約5500円
※「髙島屋」で購入。

フレンチカントリーテイストのお皿なので、木の器（58ページ）とも合わせやすいですよ。きのこや豆のスープ、カチャトーラ、ボロネーゼパスタなどを盛りつけるのにぴったりです。

バカラ
ミルニュイ

特別な日にだけ使う、私の"宝物"

バカラのデザイナー、マティアスにより、2003年に登場した「ミルニュイ」シリーズ。「ミルニュイ」とは「千の夜」を意味し、マティアス氏が幼少期を過ごしたトルコやシリアをイメージしたオリエンタルなデザインが特徴です。色や柄ではなく、カットだけで"魅せる"のがさすが「バカラ」。
わが家は、結婚記念日に夫婦二人で使えるものをプレゼントし合うのが小さな習わし。そこで、結婚10周年を迎えた年に、4枚購入。私にとっても"一張羅"のお皿ですから、さすがに普段使いはしません（笑）。普段は箱にしまって、大切に保管。主人の誕生日や結婚記念日など、特別な日に使っています。

プレートL
（直径約26cm）
約4万6000円
※バカラ直営店で購入。

「ウェッジウッド」の「バロック カラー」（19ページ）や「レイノー」の「オマージュ」（08ページ）とダブルソーサーにすることも。お皿に迫力があるので、のせる料理はシンプルなものが合います。だからメインではなく、前菜やサラダ、デザートを盛りつけることが多いですね。

黒

Gaku Shakunaga
（ガク シャクナガ）
薄鉢、台皿

"彼"にしか作れない、この薄さとこの質感！

去年、初めて旅した富山。その際、富山の銘酒「満寿泉」を作る桝田酒造店の社長さんが、私の器好きを知って、現地で活躍する陶芸家・釋永岳さんを紹介してくださったんです。常々、"作家ものの器"というのは"出会い"だと思っています。だからこそ、自分の感性と合う作家との出会いは大切にしていきたいんですね。

彼の作る器と言ったら！　焼き物なのに、軽く、薄く、そしてレザーのようにも見える不思議な質感と色……。厚みある、カジュアルな焼き物はよく見かけますが、こんなに薄くて、エレガントな焼き物、私は今まで見たことがありません。おもてなしだけでなく、普段の食卓でもしょっちゅう使うほど気に入っています。

薄鉢・大（直径21.5×高さ7.3cm）約1万5000円
薄鉢・中（直径15×高さ4.5cm）約8000円
台皿（直径29.2×高さ2.2cm）約1万7000円
※ネットで購入可。

薄鉢は、サラダやちょっとしたおかずを盛ったり、麺類を盛るのにも活躍。ラーメンや冷やしうどんを盛ってもモダンに決まるのがいいんです。台皿は、前菜の盛り合わせをのせたり、ディナープレートとしてソースがかかったお肉やお魚をのせることも。

深さがあるから、薄鉢は花器にも

私は大きいほうの薄鉢を、花器としても使用。この器が非常にモダンなので、あでやかな花を生けても、ぴたりと決まります。

Jars
（ジャス）
深鉢

取り分けスタイルのおもてなしに欠かせない大皿

「Jars」は、1857年にフランス・リヨン郊外に創設された窯元。あくまでも「メイド・イン・フランス」にこだわり、製造工程のすべてを自社で行うというこだわりぶり。フランス国内では、ホテルやレストランでも使われているメジャーな陶器ブランドです。3000〜4000円台で買えるものが多く、日本では、「チェリーテラス」や「ザ・コンランショップ」「リビング・モティーフ」で取り扱いがあります。"門外不出の技術"と言われる釉薬の美しさが有名なのですが、私が愛用しているのはこのいたってシンプルな深鉢。4〜5人分の料理を盛るのにぴったりな大きさと、スタイリッシュすぎないデザインが、使いやすいんです。

深鉢（直径約24.5×高さ6cm）
約5000円
※「ザ・コンランショップ」で購入。

もっぱら取り分けスタイルのパーティのときに活躍。深さがあるので、よく盛りつけるのはサラダや煮込み料理。締めに出す炊き込みごはんもこれに盛り、木のサービングスプーン（43ページ）を添えて出すと、おもてなし仕様の垢抜けた印象になります。

ウェッジウッド
バロック カラー

シンプル好きの私が選んだ、唯一のデコラティブな皿

他分野で活躍するデザイナーが手がけるお皿は、独創性があっておもしろいんです。このお皿も、イギリスのファッションデザイナー、ジャスパー・コンランが手がけたとあって、個性的なデザイン。重厚な見た目ですが、ボーンチャイナなので、軽くて持ち運びがしやすく、かつチッピング強度（縁強度）が高いので、取り扱いがラクなのも大きな魅力です。
紫のナプキンやワインレッドのベルベットのテーブルクロスと合わせると、中世ヨーロッパの食卓のような雰囲気を演出できて、好きなんです。

🍽 サービスプレート
ブラック
（直径約33cm）
約1万6000円
※「伊勢丹新宿店」で購入。

💡 **シンプルな皿とダブルソーサーに**
「クリストフル」の「メトロポリスグレイ（26cm）」（10ページ）や、「ナハトマン」の「ボサノバ（23cm）」（11ページ・右写真）とダブルソーサーにもよくします。グリーン、赤、ホワイト、イエローの料理が映えますよ。

> その他

アリタポーセリンラボ
ジャパンスノー

何を盛りつけても
品良く決まるシルバーカラー

有田焼というと、多くの人が、染め付けやあの極彩色の艶やかな焼き物をイメージすると思います。「アリタポーセリンラボ」はもちろんそうした伝統的なものもありますが、もっとカジュアルなものや、柄のないモノトーンのものなどもあるんですね。この「ジャパンスノー」シリーズの「プラチナ」は、品がいいのに華やかで、白・黒・ガラスのお皿とも合わせやすく、実に使いやすい。赤い漆器と合わせれば、和モダンなテーブルを作ることもできます。また、何を盛りつけても決まるところが素晴らしい！　先日、主人が「サムゲタン」を作ってくれて、これに盛りつけたのですが、エレガントに決まっていて、二人で驚きました。

平皿・大（直径約27cm）約1万5000円
平皿・小（直径約19cm）約5000円
盛鉢（直径約22×高さ6.5cm）
約1万3000円
※ネットで購入。

小さい平皿は取り分け皿としても使えますし、和菓子やお漬物を盛っても。大きい平皿はパスタやソースを使った肉や魚料理をのせると映えます。盛鉢には、フルーツや焼き茄子の煮浸しなどを盛っても美しいですし、菓子鉢として使うことも。ただしこの盛鉢、高台（器の底にある円環状の台）が小さいため、安定性が悪いので、取り扱う際は気をつけて。

SERAX
セラックス
PUREの皿

野菜料理が美しく映える、"タンカラー"のお皿

「SERAX」は1987年、ベルギーで創業した、デザイン性の高い植木鉢や花器などを扱うメーカー。その「SERAX」が、クリエイターのパスカル ナーセンスとコラボして生まれたのが、この「PURE」シリーズのお皿です。私の食器選びは基本、白・黒・ガラスですが、それ以外の柄皿や色皿を買うときは、「料理が映えるか」よりも「わが家のインテリアに合うかどうか」を基準に選びます。白・黒・ガラスというのはどんな家、どんなインテリアにも合います。でも柄ものや色ものとなるとそうはいきません。だから、自宅のインテリアを指針にして選ぶと、ぴたりと合うものが見つかります。この"タンカラー"は、わが家に合いそうだったので、即購入。見事に合い、大満足です。

ラウンドプレート
大（直径27.3cm）約3800円
小（直径20.5cm）約2400円
※「ザ・コンランショップ」で購入。

土のような色でナチュラル感があるので、野菜料理がとてもよく合います。反面、肉料理の場合、色が重複して映えないので、必ず色鮮やかな野菜を添えて盛りつけてください。西京焼きなどを盛る場合も、ハランを1枚敷くとぐっと素敵になりますよ。

※タンカラーとは、黄褐色のこと。

NAGAE+
RATIO

ナガエプリュス

変幻自在な形。
魅力ある金属"錫"でできた器

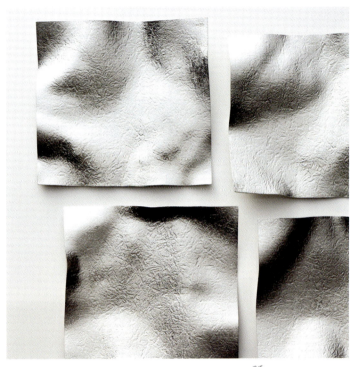

日本では古くから、神仏具や酒器に用いられてきた「錫」。このお皿は、錫のやわらかさを生かした、まさに"工芸品"です。買ったときは、筋一つない1枚の板ですが、手で好きな形に変形させられるので、さまざまな使い方や表情を出すことができます。これを目にした友人が「確かに素敵だけど、和菓子を盛るくらいしか思いつかないわ」と困っていましたが、そんなことはありません。フチを上げて前菜をのせてもかわいいですし、ソーサー代わりにして、チタンカップ（33ページ）やリモージュ焼のカップ（34ページ）と併せ使いしても素敵です。盛る食材に合わせてどんどん変形させて、楽しんでください。

 プレート
（縦18×横20cm）約7000円
※ネットショップ
「REAL JAPAN PROJECT」
で購入可。

和の器だからといって、和だけにこだわらず、洋のものものせてみてください。意外なほど、ハマります。ミルフィーユやチョコレートを盛ってお出ししても、ゲストに喜ばれますよ。

<small>ホテル・ホリデーホーム</small>
HOTEL HOLIDAY HOME
出西窯　呉須のドラ鉢

箱庭のようなスペシャル感が
演出できる縁高皿

毎年、友人達と行く京都・丹後半島の「HOTEL HOLIDAY HOME」。ここのダイニングは、器使いや盛りつけがとても勉強になるんです。ある年に伺ったとき、この青い器に小さな前菜がいくつも盛られてサーブされてきたのですが、それがあまりに素敵で。思わずホテルの方に「この器、どこで買えますか？」と聞いたのが、この器との出会いでした（ホテル内のショップで買えます）。長年この仕事をしている直感で"この深さと大きさは幅広く使える"と思ったんです。

呉須のドラ鉢
（直径21×高さ6cm）
約4000円
※HOTEL HOLIDAY HOME
内「Bshop」で購入可。

余白を生かした盛りつけが◎
深さがあるので、汁けのある料理も大丈夫ですし、量も相当入ります。でも、おもてなしのときは、余白を生かした盛りつけがおすすめ。焼いた魚と飾り野菜を器の中央に盛りつけたり、和菓子や手まり寿司を"花形"に盛りつけても素敵です。

高橋工芸
たかはしこうげい
Kamiシリーズ

国産ながら、北欧を思わせるシンプルモダンな木の器

ろくろ挽きの技術を生かして作られた"薄さ2㎜・紙のように軽い木製グラス"で、テーブルウェア業界に衝撃を与えた「高橋工芸」。北海道・旭川市に工房を構え、道産の素材にこだわったもの作りを続けています。私がこの「Kami」シリーズのプレートに出会ったのは、友人の家。「お皿としてもお盆としても使える！」と思い、すぐ買いに走りました。日本生まれのお皿ですが、どこか北欧の器を思わせるところにとても惹かれたんです。だからケーキやカナッペ、前菜などをのせても、とても決まるんです。

🍰 プレート
（直径24cm）約4000円
（直径18cm）約2500円
※ネットで購入可。

💬 合わせ方次第で和にも洋にも
直径18cmのほうはソーサー代わりに使うことも。和菓子とチタンカップ（33ページ）をのせれば和に、クッキーや焼き菓子などとガラスのティーカップ（35ページ）をのせれば北欧風になります。

ロイヤルクラウンダービー
ブラックエイビス

どんな料理も受け止める、キャパシティの広い柄皿

出会いはまさに「ロイヤルクラウンダービー」社とのお仕事でした。まさに「ビビビ！」ときた一枚で（笑）、その場でプライベート用にも購入。デコラティブな柄なので、「料理をのせたりしたら、ごちゃつくかしら？」と思ったのですが、どんな料理もデザートも見事に受け止めるんです。

イギリスの中で最も歴史ある陶器ブランド「ロイヤルクラウンダービー」。ボーンチャイナならではのクリーミーな色合いと柄の迫力、そして重厚感と高級感。ときにはこうしたお皿を扱うことも、女心を満たすのに大切です。

ブラックエイビス
（直径約27cm）
約1万5000円
※ブラックは現在廃盤だが、エイビス柄は現存。その時々によって、色を変えて販売されている。
※「日本橋三越本店」で購入。

赤やグリーンが利いた料理を
赤、グリーンがとてもよく合うお皿です。私はいかとアスパラの炒め物や、さやえんどうのオイルペンネ（右写真）を盛ったり、ベリーをあしらったチョコレートケーキやシフォンケーキを盛るのに使います。

Column
No.1

紹介したテーブルウェアを使って
コーディネート

ナチュラル&オーガニック
ディナーパーティ

お皿やランナーが
ナチュラルなら、
小物は引き締め色を

やわらかいベージュのランナーと白いお皿の色の中、濃いブラウンのカトラリーと、薄いブラウンのフラワーベースが入ると、ぐっと全体が引き締まります。こうした色の強弱をつけることは、テーブルコーディネートを作るうえでとても大切です。

使用したアイテム
* アレクサンドル チュルポーのテーブルランナー（49ページ）
* ニデルヴィレの Henry IV（14ページ）
* 木村硝子店のワイングラス（30ページ）
* ボルゴ デレトヴァーリエのフリルナプキン（48ページ）
* D＆Dのナイフ＆フォーク（38ページ）
* Sghr のナプキンホルダーとカトラリーレスト（45ページ）
* Sghr のフラワーベース（45ページ）
* ナハトマンのキャンドルホルダー（55ページ）

コーディネートが淡い色で、おとなしい印象なので、あえてテーブルの真ん中に置くのは、花ではなくダイナミックな枝つきサンキライに。立体感とインパクトを出します。

夏から秋にかけて開く、オーガニック野菜を使った料理を楽しむおもてなしのテーブルです。13時くらいから夕方にかけて開くランチ会というイメージでしょうか。ベージュとグリーンをメインカラーに、ナチュラルにまとめました。実はここで使っているワイングラスは、すべて「木村硝子店」のものですが、形はバラバラ。でも統一感があると思いませんか？ 同じワイングラスを8脚持っている人ってなかなかいないと思うんです。でも、こうして"ステム（持ち手）あり・クリアなタイプ"という条件さえそろっていれば、たとえ形は違っても、きちんと統一感が出るんですよ。

Part 2

グラス&カトラリー

グラスとカトラリーは、
テーブルコーディネートに欠かせない要素の一つ。
ただしお皿ほど存在感があるわけではなく、
言うなれば"名脇役"。
どんなお皿やコーディネートにも合うよう、
形はシンプルなものを選びますが、
どこかにさりげなく
こだわりが感じられるものじゃないと
テーブル全体の"格"を落としてしまいます。
だからこそ、お皿以上に、素材や色、
バックグラウンドストーリーに
こだわったものを選んでいます。

> グラス

木村硝子店
ワイングラス3種

高級ワイングラスと間違えた
ハイグレードな口当たり

あるレストランでワインを飲んでいたときでした。持ったときの軽さや口当たりの良さが、世界的に有名なあるワイングラスだと思っていたら、「木村硝子店のものですよ」とお聞きして、驚きました。「木村硝子店」が素晴らしいのは、自社工場はなくとも、それぞれのワイングラスに適した海外の工場で生産しているところ。そしてお値段も非常に良心的なところです。

数年前からステム（持ち手）が短いワイングラスが流行っていますが、やはり私はステムが長いからこそワイングラスだと思うのです。「木村硝子店」のものはステムが細く、実に美しい。そのうえ、軽くて耐久性も高いんですよ。

左から、
ピーボ オーソドックス（口径 5.4 × 高さ 26.2cm・約 440cc）約 3600 円
（口径 8 × 高さ 22cm・約 450cc）約 3600 円
（口径 6.6 × 高さ 25.1cm・約 600cc）約 3700 円　※ネットで購入。

面倒かもしれませんが、ワインの種類によってグラスを替えると、美味しさが断然違ってきます。写真左はシャンパンやリースリングやシャブリなどの軽めの白ワインに。真ん中は、白ワイン専用。重めの味わいのまったりとした白ワインを飲むときに向いています。右は、ボルドーワイン用のグラスですが、赤ワイン全般に使って構いません。

イタレッセ
シャンパングラス プリヴェ BEACH

ガラスのワイングラスにはない
"色の遊び心"を楽しんで

ポリクリスタル製で割れにくく、海辺やアウトドアで使えるシャンパングラス「プリヴェBEACH」。毎年行く女友達との旅行の際、各自ハンカチに包んでこのグラスをバッグにしのばせ、電車の中、とっておきのシャンパーニュを開けるのが楽しみになっています。全員持っている色が違うので、並べるとカラフル！　このグラスのいいところは、カラーバリエーションの多さ。ガラスのワイングラスにはない、色の遊び心があるんですね。発色も良く、安っぽくないので、おもてなしのテーブルで使っても見劣りしません。
　形もさまざまありますが、私はこのシャンパングラスがいちばん素敵だと思っています。

プリヴェ BEACH
（口径 5.1 ×高さ 20.3cm・130cc）
クリア約 1100 円
蛍光イエロー約 1200 円
※「レイジースーザン」のネットで購入。

おもてなし初心者が使いやすく万能なのは、やはりクリアなもの。でも、私はこの蛍光イエローのものが大好き！　たとえばシンプル＆モノトーンで構成されたテーブルに、ワイングラスだけこの蛍光イエローにすると、すごくアートなテーブルになるんですよ。

タンブラー

Sghr
スガハラ
タンブラー デュオ

タンブラーは寒色系を選ぶのが正解

お酒を飲まない方もいらっしゃいますから、おもてなしのとき、お水やお茶を出す機会も多いんですね。でもその際、家族が普段使いしているグラスでお出ししては、日常感が出すぎてしまう……。そこで、お客様用のタンブラーを6客用意しています。

「Sghr」の「デュオ」シリーズは、1998年から販売しているロングセラー商品。ベーシックな形のタンブラーですが、さまざまな色で展開しています。私はこうした冷たい飲み物を入れるグラスは、寒色系のものを選んでいます。なぜなら、飲み物を入れたとき、すごく清涼感があるから。容量も120ccと少量なので、女性の手でも持ちやすく、取り扱いがとてもラクですよ。

4オンス インディゴ
（直径7.2×高さ6.6cm・120cc）
約2000円
※Sghr直営店で購入。

タンブラーは、水でもお酒でも使えるグラスのこと。ここ数年、"ハイボール"がブームですから、これでウイスキーをお出しすることもあります。

SUS gallery
サスギャラリー
チタンカップ

国賓への贈り物にもなった、世界に誇る"実用品"

新潟県燕市の金属加工業は、世界的にも有名。ノーベル賞の晩餐会で使用されるカトラリーの製作もこの地で行われていましたし、ここで作られたチタン製のカップは、イギリス皇太子・ウィリアム王子への贈答品にもなりました。
内部は真空という、二重構造のチタンカップは、通常のグラスに比べ、約6倍の保温力と保冷力を持ちます。だから氷を入れても結露せず、熱いものを入れても外側が熱くなりません。またチタンですから、においもつきません。お出しすると必ず「素晴らしい色！」とほめられるこの鈍色（にびいろ）は、加工途中の化学反応で自然についたもの。
おもてなしの場が、製品の話題で盛り上がる逸品です。

チタンカップ MULTIPLE CUP
（直径約9×高さ9cm・約300cc）
約3万円
※「カッシーナ」で購入。

水もビールも、日本酒も、これでいただきます。ワインを飲むことだってあります。また、ここにスープを入れてお出しするのも、意外性があっておもしろい使い方になりますよ。

> カップ

G.D.A
カップ&ソーサー パレルム

サロンを始めた16年前に買い、今でもお気に入り

テーブルコーディネートサロンを始めた16年前に買った「G.D.A」"パレルム"ラインのコーヒー・紅茶兼用のカップ&ソーサー。白い磁器にストライプ模様があしらわれただけのごくシンプルなデザインなので、流行に左右されませんし、飽きがこないんですね。
「G.D.A」は、フランス・リモージュ地方にある高級磁器メーカー。パリの「フォーシーズンズ ホテル ジョルジュ サンク」やレストラン「ルドワイヤン」「クーポール」などに食器を提供し続けており、このカップ&ソーサーも業務用かと思うくらいとても丈夫！ 食洗機にも入れられるので、取り扱いや手入れがとてもラクなんです。

カップ
（直径9.2×高さ5.2cm・約200cc）約2700円
ソーサー
（直径14.2cm）約1350円
※「ラ・メゾン・デピス」で購入。

コーヒー・紅茶はもっぱらこれを使用。フラン（洋風茶碗蒸し）を作るときにもよく使います。

イエナ グラス
ティーカップ＆ソーサー グッドムード

やっと出会えた、スタイリッシュなティーカップ＆ソーサー

　ティーウェア（ポットやカップなどの紅茶回りに使う食器や道具のこと）というのは、甘いデザインのものが多く、なかなかスタイリッシュなデザインのものに出会えないのが悩みでした。そんな中、やっと見つけた「イエナ グラス」のティーシリーズ。「イエナ グラス」は、140年以上の歴史を持つ、ドイツのクリスタルグラスメーカー「ツヴィーゼル・クリスタルグラス」社傘下の耐熱ガラスブランドです。耐熱温度300℃もあるのに薄く繊細なティーカップにステンレスのソーサー、この組み合わせの斬新で素敵なこと！私が作る、ナチュラルモダンテイストのティータイムテーブルにもよく合います。

ラウンドティーカップ＆
ステンレスソーサー
カップ（口径9.5×高さ7cm・200cc）
ソーサー（直径15.8cm）
約3500円
※「リビング・モティーフ」で購入。

入れるならハーブティーを。コーヒーは似合いません。アイスやゼリーのデザートグラスとしても使えます。

> その他グラス

木本硝子
江戸切子グラス KUROCO
（きもとがらす）

東京の下町で生まれた、洋のテーブルでも映える切り子グラス

国と東京都が指定する伝統工芸品でもある江戸切り子。なかなか好みのものが見つからず……やっと出会えたのがこのグラスでした。まさに私好み！ 妥協したものを買うくらいなら、いいものを買ったほうが長く使え、結果、お得だとわかっているので、頑張って購入。

江戸切り子というと、赤やブルーが多く、黒はあまり見たことがないと思いませんか。実は、"ブラッククリスタル（黒ガラス）"というのは、作るのが非常に難しく、希少。そのため、どうしても値段が高くなってしまうんですね。この「KUROCO」シリーズは、その希少なブラッククリスタルと現代的なデザインを融合させた、まさに"芸術品"なんです。

手前から反時計まわりに、
ストライプ／オールドグラス
（直径9×高さ10cm・350cc）
約2万5000円
タマイチマツ（同）約3万5000円
リング（同）約2万円
※ネットで購入。

ウイスキーやオンザロック用のグラスですが、私は、チェイサー用としても使用。デザインに迫力があるので、ワイングラスと併せ使いしても見劣りしないのがいいんです。また、飲み物に限らず、スティック野菜やアイスクリームを盛りつけても素敵ですよ。

エルキューイ
ウォッカグラス Nura

意外なほど手持ちの食器と合わせやすい、アクセントグラス

だんだんとおもてなしに慣れてきたら、こうしたアクセントになるようなグラスを取り入れてみてください。目先が変わり、テーブルコーディネートの幅も広がります。「RATIO」（22ページ）や「Kamiシリーズ」（24ページ）のお皿を使ったコーディネートや、お正月に作る和モダンなテーブルに取り入れても素敵です。

キンキンに冷やした日本酒やグラッパ（イタリア特産のブランデーの一種）、大好きなリモンチェッロ（レモンのリキュール）もこれで楽しみます。

☁ ウォッカグラス
（直径約4×高さ11cm・50cc）約8000円
※「エルキューイ・レイノー青山店」で購入。

📔 前菜グラスとしても使える
ドリンクだけじゃなく、オリーブを入れてピックを刺して出すことも（右写真）。また、複数個あるならば、一口ムースやクラッシュゼリーを入れて、ブッフェのように並べても壮観です。

カトラリー類

D & D
ナイフ＆フォーク ジョイエッロ

ディーアンドディー

世界のセレブをとりこにしたカトラリーが、ついに日本上陸

「D＆D」はイタリアの高級カトラリーブランド。テーブルウェアに興味のある方なら聞いたことがあると思いますが、「EME」というカトラリーブランドを作った兄弟の弟が手がけるブランドです。

この「D＆D」の商品、アメリカの「ニーマン・マーカス」などの高級デパートで取り扱いがあるほか、多くの大使館でも使用されており、世界中で高い人気を誇ります。一見、「EME」のものによく似ているのですが、実は「EME」よりもモダンで、男性的な硬質さを感じさせるデザインなんですね。シンプルなお皿と合わせて使うと非常に映え、テーブルにスペシャル感を与えてくれます。

 ブラウンパール
テーブルナイフ、テーブルフォーク
各約1800円
※「伊勢丹新宿店」で購入。

「HenryIV」（14ページ）のお皿や「PUREの皿」（21ページ）に合わせて使うと、洗練された雰囲気を演出できるので好き。食洗機使用可なのも助かります。

NAGAE +
箸 Form

約1300年の歴史を持つ、螺鈿装飾が施された箸

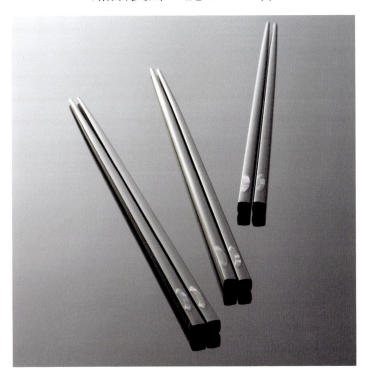

"きちんとしたお客様用の箸"というのは、絶対に必要です。やはり日本人に箸は欠かせないからです。とくに年配の方をお迎えするおもてなしでは、必須アイテム。スタイリッシュにテーブルをコーディネートしたのに、そこに添える箸が割り箸だったりしたら残念な感じになってしまいます。そこで、おすすめしたいのが、この"螺鈿"があしらわれた箸です。螺鈿は、夜光貝や白蝶貝、あわびなどの殻の真珠色部分を使った伝統的な装飾技法。奈良時代からあり、安土桃山時代には、螺鈿装飾が施された食器がヨーロッパで人気を博した歴史を持ちます。外国の方をもてなすとき、そんなお話も添えてお出しするととても喜ばれますよ。

箸約 7500 円
※ネットショップ「REAL JAPAN PROJECT」で購入可。

和のテーブルはもちろん、私は和洋折衷のテーブルで使うのが好きです。この箸自体がスタイリッシュなので、モダンなお皿、たとえば「薄鉢」(16ページ)や「ジャパンスノー」(20ページ)ともよく合います。

クリストフル
箸 ユニ

和にも洋にも映える箸は、欠かせない取り箸として活躍

この箸は、もう10年近く愛用しているものです。ルージュ（赤）、ノワール（黒）、ブランシュ（白）があり、私はルージュとブランシュを所有。一見、つるっとした質感なので、すべりやすく見えるかもしれませんが、お蕎麦などの麺類もしっかりとつかめます。

私は、この箸をよく"取り箸"として使用。取り分けスタイルのパーティのとき、ゲストの方から何度か「お箸ないかしら？」と聞かれたことがあり、以来、大鉢には取り箸を添えるようにしているんです。サーバーやトングも便利ですが、料理によっては、お箸のほうが取りやすいときも多々あります。このお箸なら、和食のみならず、イタリアンやフレンチのときに添えても合います。

箸　ブランシュ約5000円
※クリストフル直営店で購入。

「箸 Form」（39ページ）よりも太く、トップに施されたシルバーがアクセント。存在感があるので、大鉢と合わせてもひけを取りません。また、デザインはシンプルなので、どんな食器やテーブルセッティングにも合います。和に合わせれば垢抜けた感じになり、洋に合わせればテーブルが引き締まります。

モダンな箸置き

かわいさは封印。
ぐっとこらえてシンプルなデザインを選ぶ

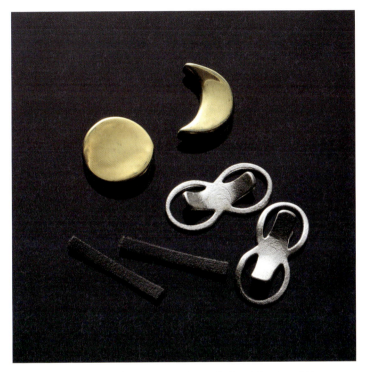

箸置きは、簡単にテーブルの上に立体感と季節感を演出できる素晴らしいアイテム。そのうえお皿を買い足すよりもずっと気軽に買え、収納場所にも困りません。だから私は、さまざまな箸置きを集めています。

箸置きというと、陶器やガラスでできたものが多く、形もかわいらしいものに、つい目が行きがちです。実は私も、もみじや桜の形をしたかわいらしい箸置きを持っていますが、こうしたかわいいデザインのものは、「春の女子会」「秋の紅葉を楽しむ会」など、使うテーブルが限定されてしまうんですよね。写真のような"金属加工"されたシンプルでモダンな箸置きは、和洋中どんなテーブルにも使え、とても便利です。

上から、
月の箸置き（5コセット）約5000円
錫の箸置き（5コセット）約5000円
鉄製の箸置き各約700円
※月の箸置きは雑貨屋、錫の箸置きは「能作　パレスホテル東京店」、鉄の箸置きは「リビング・モティーフ」で購入。

写真の黒い箸置きは鉄製、月の満ち欠けを表現した箸置きは、真鍮製。銀色の箸置きは錫でできており、形を自在に変えることができます。どれも「箸Form」（39ページ）と好相性。

KEYUCA
サービングトング Rocee
約1000円で買える、流線形が美しいトング

サラダやオードブル、パスタやかたまり肉の煮込み、鍋など、サービングスプーン&フォークよりもトングのほうが取りやすいおもてなし料理があります。以前は人前にお出しできるようなトングがなく、取り分け料理にはすべてサービングスプーン&フォークを添えていましたが、やはり不便で……。先日やっと、細く、エレガントなこのトングを見つけたので、さっそく購入。このデザインが1000円くらいで買えるのだから、素晴らしいですよね。しかも小ぶりなので、手の小さい女性でも持ちやすいんです。また、持ち手の部分がコーティング加工されているので、傷や指紋が目立ちにくく、清潔感がキープできるのも優秀です。

サービングトング
約960円
※「KEYUCA」で購入。

「ディンプルⅡ 鉢」(13ページ)や「Jarsの深鉢」(18ページ)にサラダや牛肉のワイン煮を盛りつけたときに添えて。シンプルなので、どんなお皿とも合いますが、形がエレガントなので、デコラティブなテイストのお皿ともよく合います。

ひとクセ素材の
サービングスプーン&フォーク

デザインはシンプル。
サイズは少し大きめのものを

おもてなしの際、"取り分けスタイル"の大皿料理を必ずお出しします。そのとき、必要になってくるのがサービングスプーンとフォーク。
ステンレス製のものはよくありますが、私は、こうしたテーブル小物はちょっとアクセントの利いたものを使いたいので、フランスのポップなテーブルウェアブランド「SABRE」のアクリル樹脂でできたものと、木製のものの2種類を用意。でも、デザインはあくまでもシンプルなものを選ぶのがコツ。そうするとどんな食器とも合わせやすく、使いまわしが利きますよ。

左から、
「SABRE」のサラダセット
(各約25cm) 約3500円
木製のサービングスプーン&フォーク
(各約27cm) 約3000円
※ともに「ザ・コンランショップ」で購入。

どちらも「Jarsの深鉢」(18ページ)や「オマージュシリーズ」(08ページ)にショートパスタや炊きこみごはんなど、取るときにバラつきがちな料理を盛った際に添えています。

Column
No.2

私のテーブルコーディネートに
欠かせない、ガラス小物

テーブルコーディネートの主役は、お皿、カトラリー、グラスです。でも、そこへ小物を足していかないと成り立ちません。そのため、ナプキンリングやカトラリーレスト、フラワーベースが必要になってくるんです。お皿やカトラリーは、シンプルながらもやはり"個性"を持っているアイテム。だからこそ、合わせる小物は、どんな"主役たち"とも合わせやすいシンプルなものじゃないと難しいんです。そのため、私はよく小物に合わせやすいガラス製品を用います。おすすめなのは、やはり「Sghr（スガハラ）」のガラス小物たち。ここは、4000種類以上の商品があり、ほかではなかなか見つからない私好みのシンプルでモダンな小物が見つかるので、重宝しています。

テーブルウェア

ナプキンリングやカトラリーレスト、フォークなどは、クリアか白を選ぶと、どんなお皿やカトラリーとも合い、いくらでも使いまわせます。

左から時計まわりに、テーブルナプキンホルダー約2500円、カトラリーレスト約1200円、箸置き約800円、フォーク各約2200円／すべてSghr

フラワーベース

水につけた茎の部分は美しくないので、そこに目線がいかないよう、フラワーベースは色つきのものを選びます。

左から、カルマS（直径24×高さ11.2cm）約1万2000円、パフモールボール花器S（直径13×高さ11cm）約2500円／ともにSghr

Part 3
ランクアップ小物

お皿、グラス、カトラリーが
おもてなしの基本アイテムだとしたら、
リネンやキャンドルホルダー、
ワインオープナーなどは、取り入れることで、
テーブルのおもてなし度を上げてくれる
小物たちです。ただし選び方を間違えると、
逆に"台無し"にしてしまうアイテムでもあるので、
慎重に選びたいもの。
アクセントになるような色をしていたり、
会話が盛り上がるような
エンターテインメント要素があるものを
選ぶようにしています。

ボルゴ デレ トヴァーリエ
フリルナプキン

アイロンいらずで華やか！

イタリア・ボローニャにあるホームリネンカンパニー「ボルゴ デレ トヴァーリエ」のフリルナプキン。仕事で使って以来、取り扱いやすさと華のある仕上がりの大ファンに。布ナプキンは、テーブルコーディネートに欠かせないアイテムですが、アイロンかけが欠かせません。しかし、このナプキンはふわふわ、くしゅくしゅっとした質感が魅力。シワすらも魅力的に見せてしまうため、アイロンかけをしなくても大丈夫。また、フリルがついているので、メンズっぽい色合いのものを使っても、ほどよく女性らしい雰囲気に仕上がるのもいいところ。おもてなし初心者の方にこそ、おすすめしたい一品です。

リネンナプキン
（左から反時計まわりに、Mastic・Oil・Graphite）
（各約 45×45cm）各約 2900 円
※「伊勢丹新宿店」で購入。

写真・左の Mastic は、「HenryIV」（14 ページ）のお皿と合わせて使えば、優しい女性らしいテーブルに。Oil は「PURE の皿」（21 ページ）、Graphite は「バロック カラー」（19 ページ）のお皿にそれぞれ合わせて使うのがおすすめです。

アレクサンドル チュルポー
テーブルランナー

テーブルの中央にアクセント！
テーブルクロスよりも扱いやすいから、初心者向け

「アレクサンドル チュルポー」は、創業160年を超えるフランスの高級リネンブランドです。リネンは染色が難しいとされていますが、ここのカラーリネンは高品質。染色技術が低いと安っぽくなりがちな淡いカラーのリネンも、実に美しい。また、施される刺繡は、パリのビッグメゾンのオートクチュールを手がける職人たちによるもの。そのため、ここのリネンは「マスター・オブ・リネン」の称号を持つほど。さまざまなテーブルリネンがありますが、私のおすすめは"テーブルランナー"。テーブルクロスは大きく、取り扱いに手間がかかりますが、ランナーは小さいので、洗う手間もアイロンかけも、ぐっとラクです。

左から、ギルランド NATURAL（幅約 55 ×長さ約 140cm）
約 3 万 9000 円
アンブル PLUM（幅約 50 ×長さ約 170cm）約 2 万 3500 円
※「伊勢丹新宿店」で購入。

幅広なので、向かい合う席に対して縦に敷く"ブリッジランナー"として使います。また、お手入れですが、私は自宅の洗濯機で洗っています（ネットに入れ、デリケート衣類モードにする）。洗い終わったら、半乾きのときにアイロンをかけると、きれいにプレスがかかりますよ。

※「マスター・オブ・リネン」は、ヨーロッパの厳しい審査基準をパスした、高品質なヨーロッパリネン製品に与えられる称号。

Henry Dean
ヘンリーディーン
フラワーベース

デザインも色合いも素晴らしいのに、この価格!?

仕事に使う花だけでなく、自宅の観葉植物もお願いしている、外苑前にあるフラワーショップ「FUGA」。「Henry Dean」のフラワーベースを初めて見たのは、ここでした。ハンドメイドガラスならではのぽってりとした質感と独特な色合いは、ほかにはないもの。

今から30年ほど前、ベルギーの小さな町で、デザイナー、ヘンリー・ディーン氏によって作られたこのブランド。熟練の職人たちが、古典的な吹きガラス製法で作るため、デザインは同じでも、"仕上がり"はすべて微妙に違うんです。それなのに手頃な価格で、しかもどのベースも花を生けやすい。久しぶりに気に入ったフラワーベースに出会いました。

右から、スクエア（縦約5×横約12×高さ約11.5cm）約4000円
ジュリエット（縦約5×横約14×高さ約14.5cm）約3000円
※「FUGA」で購入。
雑貨店やネットでも購入可。

もちろん高いものもありますが、自宅使いであれば2000〜4000円までのラインがサイズ的にもおすすめ。花はもちろん、ビバーナムやヒペリカムなどの実ものや、ユーカリなどの葉ものも生けたとき、きれいに決まります。

バカラ
フラワーベース アルルカン
おもてなしに使うのにベストなサイズ感

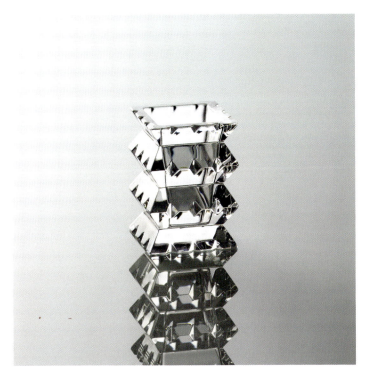

同じバカラで、大きいサイズのフラワーベースも持っています。ところが使うのは、こちらの小さいサイズばかり。口の大きさと高さが、一般家庭のダイニングテーブルで使うのにちょうどいいんですね。お皿との大きさのバランスもいい。これを購入して以来 10 年、こちらばかり使い、大きいほうはストックルームにしまったままです。

大きいフラワーベースは、花の量もそれなりに必要なので、お金もかかりますし、生ける手間もかかります。テーブルコーディネートの主役はお皿と料理です。あまり存在感の大きい花を飾っては主役が目立たなくなってしまいますから、小さめサイズのベースを買うのをおすすめします。

スクエアベース（高さ 11cm）
約 4 万 6000 円
※バカラ直営店で購入。

このサイズのベースであれば、生ける花は 3〜5 本あれば充分。とはいえ、小さくとも「バカラ」ならではの輝きがあるので、華やかに仕上がります。私はトルコキキョウやダリアを生けるのが好きですね。

イタレッセ
ケーキスタンド ボッレ

シンプルなデザインのケーキも、一気に格上げ

　31ページでも紹介しましたが、「イタレッセ」は、1979年にイタリアで始まったデザインテーブルウェアブランド。創業者がケータリング業界出身のため、持ち運びに適した素材や軽さを持った商品が多いんですね。このケーキスタンドも、スタンドはガラス製ですが、手で触れるカバーは、割れにくい樹脂製という心遣いのある一品。
　ケーキスタンドは、存在感が大きいだけに、シンプルなものを選ぶのがコツ。これは、ただシンプルなのではなく、底面のバブル模様のおかげでほどよい華やかさがあるのも気に入っています。

ケーキスタンド（直径約28×高さ約10cm）約5000円
ケーキドーム（直径約27×高さ約18.7cm）約3000円
※「レイジースーザン」のネットで購入。

ケーキスタンドは、テーブルの真ん中に置くだけでコーディネートに高さが生まれ、華やかさと立体感がプラスされるアイテム。そして、おもてなしの最後を飾るホールケーキをここにのせて出すと、ゲストの盛り上がり方が違います。また、ひと口サイズの前菜を並べても、喜ばれますよ。

エルキューイ
プティフールスタンド

生徒たちにも愛用者が多い、アクセント小物

今から数年前、自著『おもてなし12か月』で、このスタンドを使用したところ、それを見た私のテーブルコーディネートの教室の生徒たちが買いに走ってくれたという思い出深いアイテムです（笑）。

造形アートのような変わった形なので、テーブルに置くと、"表情"や"動き"が生まれるんですね。高さはそれほどないので、私は"対"で使い、少し迫力を出すようにしています。写真のものとは別に、12個のせられるタイプもありますが、家でのおもてなしに使うなら、この2つのサイズがベストだと思います。のせるマカロンも、シックな色合いでまとめるのが私流です。

プティフールスタンド
左から、6スモールディッシュ
（高さ16cm）約3万6000円
4スモールディッシュ（高さ16cm）
約3万3000円
※「エルキューイ・レイノー青山店」で購入。

2つ買うなら、あえてサイズはそろえないほうが◎。対で使うとき、テーブルに、より動きが生まれますよ。私はよくマカロンをのせますが、ひと口サイズのケーキやカナッペ、ガクのところで切った花を飾ってもいいと思います。

ル・クルーゼ
小ぶりなサイズの鋳物ホウロウ鍋

冷蔵庫に難なく入るから、作りおき料理のときに大活躍

今や、1家庭に1つはあるであろう「ル・クルーゼ」の鍋。私も愛用し始めて早20年。オレンジや赤などポップな色が人気ですが、存在感のあるキッチンウェアだからこそ、テーブルに置いたとき、どんな食器ともなじむ白、黒、グレーがおすすめ。

私は、「ル・クルーゼ」の鍋でおもてなし料理を作るときは、22cmサイズを使って大量に作ります。ただ、煮込み料理が多いので、水分が飛び、でき上がり量はぐっと減ります。すると何だか"残り物"っぽく見えてしまうんですね。そこで、最近ではでき上がったものを小ぶりなサイズの鍋に移し替えて、お出ししています。冷蔵庫にも入れやすいので、便利なんですよ。

奥から、ココット・オーバル
ホワイト 17cm 約1万8000円
(現在生産中止)
ココット・ロンド
マットブラック 16cm 約2万2000円
※「伊勢丹新宿店」で購入。

よくキーマカレーやラタトゥイユ、ビーフシチューを入れてサーブします。
基本は丸形のロンドタイプですが、2個目を買うときはオーバルがおすすめ。オーバルがあると、テーブルに置いたとき、見た目に変化と動きが出ますよ。

ナハトマン
キャンドルホルダー スライス

ここまで飽きずに使い続けている
キャンドルホルダーは初めて！

今、カラフルなキャンドルホルダーもたくさん出ていますが、初心者の方には、手持ちのどんな食器とも合うクリアなものか、フロストタイプがおすすめです。
このキャンドルホルダーに出合うまで、フィンランドのリビングウェアブランド「イッタラ」のフロストタイプのものをよく使っていました。ただ、シンプルすぎて、テーブルによっては寂しい印象になってしまう……。なので、もう少しだけ華やかなものを探していたんです。この「ナハトマン」のキャンドルホルダーは、ほどよくデコラティブ。テーブルに置くと、私が求めていた華やかさがプラスされるので、ここ数年、いちばん出番が多いんです。

キャンドルホルダー
(直径約8×高さ約7cm)
約2500円
※ナハトマン直営店で購入。

ティーライトキャンドル（アルミなどのカップに入った、高さ2cmほどのキャンドル）専用のホルダーです。キャンドルはディナーテーブルの雰囲気を盛り上げる小物として欠かせませんが、火を灯さずとも置くだけでいいアクセントになるので、私は昼間のおもてなしでも使います。

岩鋳
急須 曳舟

お出しすると、「どこで買ったの?」と必ず聞かれます

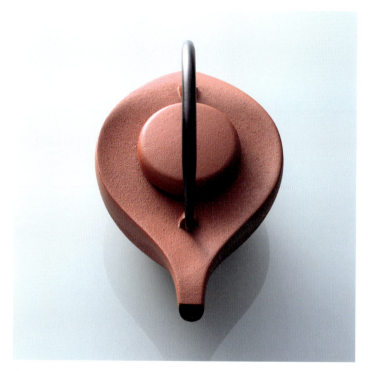

南部鉄器の黒い急須をずっと使っていたのですが、もう少し"遊び心のあるもの"がほしくて。この急須は形も変わっていますし、色もこの赤茶色のほか、紫や若草色があります。数年前からカラフルな南部鉄器が出始めて、ちょうど注目していたところでした。

部屋でも、シンプル&モノトーンの中で、クッションだけをカラフルにするとおしゃれで、とてもインパクトがあると思いませんか。テーブルコーディネートも、小物で色を加えていくと印象的になります。だからシンプルな茶器に赤い急須を合わせると、すごくゲストの印象に残るんですね。それにこんな急須でおもてなしされたら、ちょっとうれしいと思いませんか。

急須　艶消し赤茶（700cc）
約1万円
※オンラインショップで購入。

緑茶、ほうじ茶、紅茶はもちろん、付属の茶こしをとりはずし、日本酒を入れてお出しすることも。「チタンカップ」（33ページ）と併せ使いしても素敵です。

SCIP
ラギオール ソムリエナイフ

ワインを愛する者として、
"メイド・イン・フランス"にこだわります

2003年、ワインエキスパートの資格取得の際、自分へのご褒美として買った思い出の品です。よく聞く「ラギオール」という名称ですが、ブランド名ではありません。元々、19世紀初頭に家内工業としてラギヨール村で発展した刃物。そのデザインの優雅さと機能性が高く評価されるにつれ、村以外の地域、さらにはフランス国外で作られたものまで"ラギオール・ナイフ"と名乗るようになりました。クオリティが低い海外製のナイフも、ラギオール・ナイフと名乗っていいことになっています。ただ、私はワインを愛する者として、やはり"フランス"にこだわりたい。だから「SCIP」で作られたものを選びました。いいワインを開けるときは、必ずこれを使います。

ソムリエナイフ約3万円
※代官山「ヴェール」で購入。

ソムリエナイフは、おもてなしのとき、いいワインとともに使うと、エンターテインメントになるんですよ。ナイフに刻印されている昆虫は、蜂という説とハエ、セミという説があり、そんなお話もゲストにして楽しんでいただきます。

オリーブの木でできたテーブルウェア

木の器は、アカシアではなく、やはりオリーブ！

陶器のお皿があふれるテーブルの上に、木のテーブルウェアをいくつか差し込むと、温かみが加わるんですね。私は、その家庭的な温かみが好きで、ときどき木のテーブルウェアをコーディネートに取り入れます。

さまざまな素材がありますが、私が好きなのは、オリーブの木から作られているもの。そして、過度な加工がされておらず、"自然の表情が残るもの"を選ぶようにしています。アカシアから作られた製品も安くていいのですが、きっちりと成形されたものが多く、"本来の形"が消えてしまっているので、表情が乏しいんですね。オリーブの製品は、アカシアのものに比べるとちょっと高くなりますが、この風合いを考えると妥協はできません。

奥から、サラダボウル
（直径約 30 ×高さ約 6cm）約 9000 円
カッティングボード（縦約 18 ×横約 44cm）
約 1 万 2000 円
オリーブトレイ（縦約 4.5 ×横約 35cm）
約 6000 円
※すべてインテリアショップで購入。

フォーマルな「オマージュシリーズ」（08 ページ）のお皿を使ったコーディネートに差し込んで。ボウルとボードには、サラダやパン、チーズをよく盛ります。オリーブトレイは、グリーンオリーブを盛りつけるための器ですが、花を生けて使うこともあります。

イタレッセ
シャンパンボウル ボッレ

ファーストクラスラウンジでも使用した、華やかさ

52ページでも紹介しましたが、シャンパーニュの泡をイメージしてデザインされた「ボッレ」。このワインクーラーも同じ「ボッレ」シリーズで、華やかさと清涼感のデザインバランスがすごくいい！ 空間コーディネートを担当した、日本航空のファーストクラスラウンジ（羽田・成田）でも使ったほど気に入っています。

ガラス製のワインクーラーも持っていますが、とにかく重い！ でもこれはフルボトル4本が入る大きさですが（「ベビーバスみたい」と言った人も）、軽くて割れにくいアクリル製なので、女性でも簡単に持ち運べるんですね。取り扱いのことを考えても、断然こちらがおすすめです。

シャンパンボウル クリア
（縦約30×横46×高さ23cm）
約2万2000円
※「レイジースーザン」のネットで購入。

もっぱらシャンパーニュと白ワインを冷やすのに使っています。かなりの大きさなので、市販の袋に入った氷が4袋ほど必要です。色はほかに、ブラックとピンクがあります。

テーブルコーディネートに"高さ"を出すことは、立体感が生まれるのでとても大切。私はよく枝ものを生けて高さを出します。安く、簡単に高さを出せる方法です。ここでは雪柳を使用。

黒と赤のコントラストは、強いもの。私はこの色合わせのとき、差し込む赤のアイテムは、"真っ赤"よりも朱色を選ぶようにしています。そのほうが、上品に仕上がるんですね。こうした色のディテールにこだわってアイテムを選ぶことも、コーディネートを成功させるためには大切です。

Column No.3

紹介したテーブルウェアを使ってコーディネート
和モダンパーティ

使用したアイテム
* アリタポーセリンラボの皿と鉢（20 ページ）
* 木本硝子の江戸切子グラス（36 ページ）
* 木村硝子店のワイングラス（30 ページ）
* NAGAE ＋の箸（39 ページ）
* Sghr のカトラリーレスト（45 ページ）
* 岩鋳の急須（56 ページ）
* Sghr のフラワーベース（45 ページ）
* Gaku Shakunaga の薄鉢（16 ページ）

※テーブルクロス、布ナプキン、ナイフ＆フォークは著者私物ですが、商品に関する情報は本書に掲載していません。

主張が強いコーディネートを
エレガントにする、シルバーの皿の威力

　　黒いテーブルクロスを全面に敷き、赤を利かせたテーブルコーディネートです。こういうときに差し色として使えるのが、"シルバー"。ここではお皿で取り入れていますが、白いお皿を使うより、華やかでエレガントに決まるんですね！　これをゴールドにしてもいいのですが、そうなるとゴージャス＆おめでたい感じになり、お正月や和のお祝いのテーブルになってしまいます。もちろんこのテーブルもお正月に使えますが、"品良く"まとまっているので、目上の方や海外からのゲストを招くときにも活躍するコーディネートです。

Part 4

おもてなしの心遣い

実際に生活しているところに人を呼ぶからこそ、
おもてなしの際は、ゲストの"動線"を意識して
トータルで演出することが大切。
まず最初に目に触れる玄関、そして必ず使うトイレ。
これらの場所が所帯じみていては、
どんなにゴージャスなテーブルコーディネートで
お迎えしても、興ざめしてしまいます。
だからこそ、履き心地のいいスリッパを用意したり、
香りにこだわったりして、
できるだけ心地いい空間になるよう、努力します。

SIWA｜紙和
スリッパ RPF Type

一つ一つが職人による手作り。
わずか90gの和紙のスリッパ

それまで3年以上、ブラックレザーのバブーシュを使っていました。さすがに買い換えようと思っていたところ、「NAGAE＋」のショールームで、このスリッパと出会いました。この不思議な質感と軽さ、そして履くと夏は涼しく、冬はほんのりと温かい……。聞けば、なんと和紙から作られているとのこと！ 1000年以上の歴史がある和紙の産地、山梨県市川大門の和紙メーカー「大直」と、工業デザイナー、深澤直人氏のコラボレーションで作られたのが、この「SIWA｜紙和」。スリッパは和紙の風合いはそのままですが、破れにくく、水にも強いんですよ。環境のことを考え、最終的に処分する際に燃やしても有毒ガスを発生しないよう作られているんです。

スリッパ　gray
(Sサイズ・Lサイズ) 約4700円
※ネットショップ
「REAL JAPAN PROJECT」で購入。

ゲスト用スリッパとして使用しています。自分用と主人用もあり、それは旅行や出張先、飛行機の中で使っています。同素材で作られた専用ポーチつきなので、持ち運びにも便利なんです。また、海外からのゲストへのお土産としても喜ばれます。

Dr. Vranjes
ディフューザー

ドットール・ヴラニエス

玄関を心地よい香りで満たすのは、おもてなしマナーの一つ

「Dr. Vranjes」は、1983年にイタリア・フィレンツェで、薬剤師でもあるパオロ・ヴラニエス氏によって創業されたフレグランスブランド。
家には特有の"におい"がつきますから、おもてなしの最初の印象を良くするためにも、玄関にディフューザーは欠かせません。かといって、人工的な香りは心地よくありません。ここのディフューザーは、最高品質の天然エッセンシャルオイルを使用しているので、香りの良さはもちろん、リラックス効果も高いんですよ。また、このガラスの瓶は、すべてハンドメイド。目にも美しいディフューザーで、玄関を彩ります。花を飾るよりずっと簡単なデコレーション方法だと思いませんか？

ディフューザー
左から、
ロッソ・ノービレ約1万2000円
グリーン・フラワー約8000円
(各250ml)
※Dr. Vranjes直営店で購入。ネットでも購入可。

春夏は「グリーン・フラワー」、秋冬は「ロッソ・ノービレ」と、香りを使い分けています。前者はベルガモット、オレンジ、イランイランなどを調合させたさわやかな香り。後者はベリー類、スミレ、ワインのタンニンなどが入った深みある香りです。

65

タオル美術館
今治タオル プラチナムジャスト

整然と並んだ白いタオルで、清潔感を感じさせるトイレに

海外に行くと痛切に感じますが、日本製タオルの品質の高さは、世界一ではないでしょうか？ 中でも120年の歴史を持つ「今治タオル」は、おろしたてでも水の吸収が良く、何度洗っても一定のクオリティを保ち、肌触りもいい。

私は、家の中でもゲストが使うところは、できるだけホテルライクな空間を保つように心がけています。トイレはみんなが必ず使う場所。だからこそ、日常感たっぷりで、ほこりがたまるマットや便座カバーなどは使いません。また、ただでさえ狭い空間ですから、刺繍や模様の入ったタオルは圧迫感が生まれてしまうので、あくまでもシンプルなこの白いタオルを置きます。

今治タオル プラチナムジャスト
ウォッシュタオル（約34×35cm）
約600円
※「タオル美術館」で購入。

インテリアショップ「フランフラン」で買ったかごに、たたんだ真っ白な「今治タオル」をセット。トイレの中にある、小さな洗面台の横に置きます。

モルトンブラウン
ハンドウォッシュ＆ハンドローション

ゲストが喜ぶ、"ちょっといいアメニティ"

お友達の家のトイレや洗面台のハンドソープが、"ちょっといい香り"だったりすると、気分が上がりませんか？ ハンドソープって身近なアイテムだから、女性は興味を持つんだと思います。

「モルトンブラウン」は、1973年にイギリスで創業した、王室御用達のライフスタイルブランド。世界65ヵ国以上のホテルのアメニティとしても使われており、旅行業界の権威でもあるアメリカの「コンデナストトラベラー」誌において、「ホテルのバスルームに『モルトンブラウン』を見つけたら、そのホテルの選択は正しかったという証である」とまで書かれるほど。私も、日本に上陸する前から好きで、長年愛用しています。

ライム＆パチョリ
右から、ハンドウォッシュ（300ml）
約3200円
ハンドローション（300ml）約4000円
※「ペンデュール ヴィア バス ストップ」で購入。

トイレの中にある洗面台に、ハンドウォッシュとハンドローションをセットで並べます。香りは、男女を問わない、すっきりとした「ライム＆パチョリ」をセレクト。「モルトンブラウン」の良さは、どれもが少しだけエキゾチックさを感じる濃厚な香り。"残り香"を楽しめるのが好きなんです。

ゲストブック

何度も見返す楽しみ。
おもてなしの思い出を留めて

実は何よりも大切な私の宝物が"ゲストブック"です。高校1年生のときに留学したオーストラリアで、お世話になった人たちにメッセージやサインをノートに書いてもらったことがきっかけ。ゲストの方々にも、おもてなしの最後に必ずメッセージをいただきます。後日、そこにメニュー表や写真も貼って保存。ノートの大きさはA4サイズくらいがベスト。でも、デザインはあえてバラバラに。もう10冊以上になりますが、見返したときに、自分の好みの変遷も見えて、おもしろいんです。また、記録帳的役割もあって、「前回、Aさんがいらしたとき、何をお出ししたかしら？」と、テーマや料理が重複していないかを確認するためにも大助かりです。

奥から、イエローのフェイクハラコのノート 約1万円　ワニ革のノート約7000円　ドット柄のノート約2600円
※ハラコは、NYの「バーグドルフグッドマン」、ワニ革は「ZARA HOME」、ドット柄は「ザ・コンランショップ」で購入。

ノートは自由に書いたり写真を貼ったりできる、"白無地"のものを使用。パーティの終盤、ゲストの人たちに回しながら書いてもらいます。後日、プリントアウトした写真を貼りながら、"その日"を振り返るのが楽しみなんです。

カルテル
ロースツール ストーン

玄関にも心遣いを。
女性にうれしい、身支度用スツール

冬のブーツの着脱って、手間と時間がかかって面倒なものですよね。とくに立ったままでは、やりにくいったらありません。そこで、自分のために玄関にスツールを置いたのですが、これがゲストに好評。お帰りの際、「忘れ物ないかしら？」なんて方も、バッグをここにちょっと置いて探すこともできます。「カルテル」は、イタリアのプラスチック家具メーカー。世界的なデザイナーたちとコラボしていますが、このスツールは、現代のデザイン業界を牽引する若きリーダー、マルセル・ワンダースがデザインしたもの。側面がユニークにカッティングされているので、玄関のダウンライトの光が当たると、きれいに反射するんですよ。

ロースツール（直径30×高さ45cm）
約2万7800円
※カルテル直営店で購入。

スツールのいいところは、場所を取らず、何かの"台"としても使えるところ。私はときどき花台として、ウェルカムフラワーをここに置くこともあります。

Column
No.4
ワンピースが
おもてなしの制服です

おもてなしの主役は、ゲストの方々とテーブルです。ホストである私は、"黒子"。だから、おもてなしのときは黒を着ることが多いです。そして、コーディネートを考えなくて済むワンピース！ テーブルコーディネートやお料理のことを考えるのが精一杯で、自分の洋服にまで気が回りませんから（笑）、そういう意味でもワンピースはとても便利なんですね。そして、ぎりぎりまで準備をしたり、途中、盛りつけに立ったりするので、作業がしやすい半袖か七分袖であるということも、はずせない条件です。

（左）海外からのゲストや目上の方などを迎える日は、ロングドレスで。京都在住の「ころも」ディレクター、かわばたゆりさんが、アンティークの反物でドレスを作ってくれる「ひなみ」のものです。きちんと採寸して作るので、最大限スタイル良く見せてくれます。縫製代も含め、4万～6万円で作れます。
（上）どちらも、「H＆M」の姉妹ブランド「COS」のワンピース。デザインにモダンなものが多く、1万～1万5000円で買える価格帯もうれしい。

Column
No.5

サニタリースペースに お気に入りの香水を

知人の家に招待されたときでした。洗面所をお借りした際、"ご自由にお使いください"と香水が置いてあったのです。きっと彼女のお気に入りの香水なのでしょう。お言葉に甘えて、私も手首にシュッ！とひと吹き。こういう心遣いって素敵ですし、忘れられないですよね。

　そこで私も、自宅の洗面台に愛用している「エルメス」の香水をセット。春夏は「ナイルの庭」、秋冬は「モンスーンの庭」を置いています。ゲストが席に戻ったときこの香りがすると、「使ってくれたんだわ！」とうれしくなります！

　女性同士の集まりだと、ここから会話が広がる楽しさもあります。

Part 5

食材

仕事柄、食べることも料理することも大好きです。
長年、多くのおもてなしをして気づいたのが、
「いい調味料をそろえれば、余計な調味をする
必要がなく、料理の手間が省けること」
「全部手料理にするのではなく、
美味しい市販品やお取り寄せ品を、
ときには取り入れて上手に手を抜くこと」の2つ。
食材にちょっとこだわって、
より豊かなおもてなしのテーブルにしませんか。

調味料

アサムラサキ
かき醬油
広島出身の私にとって、
子どもの頃から親しんだ味

最近まで、別のメーカーのだしじょうゆを使っていたのですが、ふと、スーパーで懐かしいこの「かき醬油」を見つけて、久しぶりに使ってみたら、やっぱり美味しい！ しっかりと旨みがあるので、しょうゆを使うお料理の場合、これにシフトするだけで、深みのある美味しさになるんですね。煮物はもちろん、和のおもてなしの締めによくお出しする、アボカドとまぐろの丼にも使います。

　かき醬油卓上用化粧箱入り（150cc）
　約280円
　※「紀ノ国屋」で購入。

味の兵四郎（ひょうしろう）
兵四郎のあわせ酢
酢の物、ピクルス……
何を作っても、味が決まる

「あご入りだし」で有名な「味の兵四郎」のあわせ酢です。鹿児島県産の本枯れ節と羅臼昆布のだしに、沖縄のシママース（塩）ときび糖がブレンドされた、やさしい酸味と風味が特徴。和のおもてなしもよくする私にとって、酢は欠かせない調味料ですが、やはり面倒な配合がいらないあわせ酢が便利。今まで色々なメーカーのものを使ってみましたが、これがいちばん！でした。

　兵四郎のあわせ酢（300cc）
　約1100円
　※ネットで購入。

料理はベースの味さえしっかりと決まれば、あとは簡単。だからこそ、
味の決め手になる調味料には少しだけこだわります。しょうゆ、塩、味噌などの基本調味料から、
手が省ける"あわせ調味料"まで、私のキッチンに欠かせない厳選品を紹介します。

ひかり味噌
無添加有機味噌

"そのままディップ"に
使える美味しさ！

セルマランドゲランド
ゲランドの塩

"塩マニア"の私が
10年以上愛用する塩

友人の家に招待されたときでした。野菜スティックに添えて出された味噌ディップがあまりに美味しく、レシピを聞き出そうとしたところ、「味噌だけよ」とこのお味噌を教えてもらったんです。何度も、「本当にそのまま？ 何か混ぜたりしていない？」と聞いてしまいました（笑）。でも本当に疑いたくなるほど美味しかったのです！ 大豆の粒感が残っているところが、たまらないんです。

私にとって、塩はあらゆる料理に欠かせない調味料。2002年に塩の販売が自由化されてから、世界中のあらゆる塩が気軽に試せるようになり、以来、つい楽しくて、色々な味を試しています。だからわが家には常時数種類の塩のストックがあるほど。その中でも10年以上、変わらず使い続けているのが「ゲランドの塩」。まろやかな味わいで、加熱料理、非加熱料理ともに使えるのがいいんです。

　　無添加有機味噌（375g）8個入り
　　約2800円
　　※ネットで購入。

　　ゲランドの塩　顆粒（125g）
　　約580円
　　※恵比寿にあるワインショップ
　　「WINE MARKET PARTY」で購入。

ディーン&デルーカ
レモンオリーブオイル、ガーリック&タイム オリーブオイル

香りが命！ だからこそ、新鮮なまま使いきれるサイズで

ジュゼッペ・ジュスティ
ホワイトバルサミコ酢

"公爵の酢"の別名を持つ、最高級のバルサミコ酢

フレーバーオイルは、香りがついているので、パンにつけるのはもちろん、サラダを和えたり、お肉やお魚を焼くときにも、風味が上がるので、料理が簡単におもてなし仕様になり、とても便利。でも、そう大量に使うものではないし、一度開封するとどんどん酸化して香りも変わってしまうので、このくらいの大きさのものが使いやすいんです。ゲストへのプレゼントにしても喜ばれます。

イタリア・モデナ地方特有の甘みが強い白ぶどうを原料として使った、味わいまろやか、香りはフローラルな"世界で最も気品ある酢"。中世から作られており、当時は上流階級の専有物として、また諸外国の王侯貴族への贈り物としても用いられてきたとか。ドレッシングやマリネに使うことがほとんどですが、きのこのガーリックソテーや鶏肉とじゃがいもの白ワイン煮込みの仕上げにまわしかけても美味しいですよ。

左から、レモンオリーブオイル、ガーリック&タイムオリーブオイル（各50cc）各約650円　※「ディーン&デルーカ」で購入。

ホワイトバルサミコ酢（250cc）約1400円
※神楽坂にあるイタリア食材店「ドルチェ・ヴィータ」で購入。

香りのアクセントで料理が華やかに
シンプルなグリーンサラダも、香りのいい"レモンオリーブオイル"と「ゲランドの塩」（75ページ）をかければ、立派なおもてなしの一品に。

プルノット
豆と野菜の煮込みソース

鶏肉と白ワインさえあれば、カチャトーラが簡単に！

グラン・フェルマージュ
セル・ドゥ・メール

専用のケースまで作ったほど！の溺愛絶品バター

鋳鉄の鍋に作って出すと見栄えがするので、おもてなしによく作る、カチャトーラ（鶏肉のトマト煮込み）。一から作ろうとすると材料を買いそろえるだけで大変。でも、こうしたあわせ調味料があると、鶏肉と白ワインを用意するだけでOK。ホストは料理以外にもやることがたくさんありますから、こうした調理済みのソースを利用して賢く手間を省くことも大切です。

粗塩のじゃりっとした歯ごたえがあり、塗るというよりも"食べる"バター。7年前からハマって、とうとうおもてなしにも出しやすいよう「Sghr」で専用のバターケースを作っていただいてしまったほど。パンの上にのせて赤ワインといただいたり、蒸したアスパラガスやじゃがいも、ゆでたてのパスタ（ポルチーニの入ったものやクリーム系）に"落として"も美味しいですよ。

豆と野菜の煮込みソース（200g）
約1200円
※「ディーン&デルーカ」で購入。

セル・ドゥ・メール（250g）
約1800円（125gは約950円。125gなら、Sghrの専用バターケースに入る）
※「ナショナル田園」で購入。

便利な瓶・缶食材

オリヴェーリ
ペッパーの アンチョビ詰め

イタリア・ピエモンテ州の名物。
丸唐辛子なので辛くありません

ラ プティット エピスリー
ブラックオリーブ オイル漬け

漬けているオイルも、
パスタやサラダに使います

ヨーロッパで秋になると出回る小ぶりな丸唐辛子の中にアンチョビを詰め、オイル漬けにしたもの。そのままかじりながら、白ワインをいただくのも最高ですが、味が濃いので、粗みじん切りにして、クラッカーにのせたり、ブロッコリーやきのこなどと一緒に炒めても。ペペロンチーノのようなオイル系パスタに混ぜてもコクが加わり、美味しくなるのでおすすめです。

"小さな食材店"の名を持つこの食材ブランドは、南仏の人気デザイナー、ジャクリーヌ・モラビトがプロデュースしたもの。キッチンに置きたくなるようなおしゃれなパッケージデザインも特徴です。私が好きなこのオイル漬けは、酸っぱくなく、マイルドな味で食べやすいんです。和の食材とも相性が良く、お豆腐の上にのせても美味しいですよ。

　ペッパーのアンチョビ詰め（190g）
　約 1400 円
　※「ドルチェ・ヴィータ」で購入。

　ブラックオリーブ オイル漬け（300g）
　約 2300 円
　※「ザ・コンランショップ」で購入。

そのまま出せるうえ、ちょっとアレンジして"料理"にすることもできる、便利な瓶&缶食材。保存が利くので、突然のお客様も多いわが家では常にストック。見た目もおしゃれなので、ちょっとしたギフトとしても使えます。

コンサーヴァリ・デ・ミル・ソース
いのしし肉のパテ

瓶ものながら、絶品のパテ！手土産としてもよく使います

キャプテンクック
オイルサーディン缶

そのまま食べても臭みなし！レモンの香りが◎

フランスの田舎町で、伝統的な製法を用い、職人たちが作る絶品のパテ。保存料、着色料など一切不使用。瓶ものなので、さほど期待していなかったのですが、獣特有のクセがまったくなく、上品な味わいでびっくり！ ホームパーティに呼ばれたとき、よくこのパテと重めの赤ワイン、「ジョエル・ロブション」のバゲットをセットにして持って行きます。

1877年、フランス・ブルターニュ地方で創業。加工工程をすべて手作業で行うという、老舗食品メーカー「キャプテンクック」の缶詰は、"グルメ缶"として、美味しいもの好きの人たちの熱い支持を得ています。最初、この缶のデザインに惹かれて買ったのですが、味も美味しい。さまざまなフレーバーのオイルサーディンがありますが、レモンがダントツにおすすめです。

　いのしし肉のパテ（180g）
　約1600円
　※「WINE MARKET PARTY」で購入。
　ほかネットなどでも購入可。

　オイルサーディン缶　オリーブオイル＆
　レモンピール（115g）約1300円
　※ネットで購入。

　このまま食べるときは、フライパンなどで温め、白ワインやシャンパーニュと一緒に。パスタに絡めたり、サラダに和えても美味しいですよ。

お取り寄せグルメ

ゐざさ 寿司の折り詰め

母も愛用しているお取り寄せ。出せばゲストの歓声が!

奈良県・奥吉野の名産、柿の葉すしとゐざさ寿司（笹の葉で包まれた寿司）の店「ゐざさ」。おもてなし好きの母が、昔からここの箱詰めをよく取り寄せていたこともあって、私もときどき取り寄せています。きちんと木製の箱に入ってくるので、お皿に盛り直す必要がなく、そのままお出しできるのもいいところ。そして、箱を開けると、その整然と並んだお寿司を見たゲストから、必ず「わぁ!」と歓声が上がるんですよ。とくに女性のお客様のときなど大好評。おもてなしのとき、料理をすべて手作りする必要はありません。ときには、こうして"華のあるメイン"になるものを取り寄せて、上手に手抜きすることも、楽しくおもてなしを続けるコツだと思います。

ゐざさ特選一段（ゐざさ寿司5個、桜寿司6個、山菜巻8個、柿の葉すし〈さば〉6個）
約2700円／中谷本舗（発売元）
※「ゐざさ」オンラインショップで購入（送料別）。

ランチのおもてなしのときはメインとして、ディナーのときは締めにお出しします。ランチなら前菜と汁物、ディナーならお新香と汁物をつけるだけで、立派な一品になります。

ときどき"ちょっとスペシャルなもの"をお取り寄せしておもてなしに取り入れると、
1品作らなくて済みますし(笑)、居並ぶ手作り料理の中にアクセントが生まれ、
ぐっと盛り上がるテーブルに。どれも見栄えがし、ゲストに必ず喜ばれる厳選6品を紹介します。

テット・ド・モワンヌ

その場で削るのが楽しい！
ドレスのフリルのようなチーズ

15世紀、スイスの修道院で作られ始めたとされる「テット・ド・モワンヌ」。セミハードタイプのチーズですが、匂いも強く、コクと粘り気、舌に刺激を感じる辛みもあるため、ウォッシュ系チーズと間違えられる方もいるくらい。そのため、チーズ初心者にはちょっとハードルが高い味と香りかもしれません。けれど赤ワインのお供に最高なんですよ！
このチーズ、実は食べるときに"ジロール"という専用の削り器が必要。この削り器にセットし、ハンドルを回すとチーズが削れ、それをいただきます。その削れた姿は繊細で美しく、まるでドレスのフリルのよう。こうしたパフォーマンスを楽しめるのも、このチーズの大きな魅力です。

テット・ド・モワンヌ 1ホール（約350g）
約2900円
ジロール（削り器）約1万3000円
※「テット・ド・モワンヌ」は食材店「ディーン＆デルーカ」、ネットショップでも購入可。
「ジロール」は、ネットで購入。

ワイン会のとき、デザートの前、締めの赤ワインと一緒にお出ししています。ジロールは、7年ほど前、カルフォルニア・ナパバレーに取材に行った際、木製のものを買ったのですが、ゆがんできてしまって……最近、大理石のものに買い換えました。

中勢以(なかせい)
ベーコン

噛めば、甘みある脂がジュワッ！
美食家たちも、言葉を失う旨さ

料理人や料理家たちにもファンが多い、東京・田園調布にある熟成肉専門店「中勢以」。以前、お友達が、ここのリエットとベーコン、生ソーセージを持ってきてくれたんです。どれも肉のワイルドさを保ちながら、雑味をまったく感じさせない美味しさで、その場にいた一同、あまりの美味しさに絶句……。某雑誌で「肉好きを黙らせるおいしさ」と評されただけあります。中でもベーコンは、ときどき家族の食卓用にも取り寄せる一品。「中勢以」の目で厳選、熟成された豚を、独自のパートナーである燻製屋で燻製に。旨みが凝縮され、さらにスモーキーさが加わった美味しさに昇華しています。

中勢以特製ベーコン（100g）
約810円
※田園調布にある
「中勢以 本店」で購入。
オンラインショップでも購入可。

お出しする30分前には冷蔵庫から出して室温に戻して。スライスしてそのまま食べても美味ですが、さっと炙っても。贅沢ですが、サラダに混ぜたり、カルボナーラやポトフに使っても。絶品です。

パーク ハイアット 東京「デリカテッセン」
レトルトカレー

本格的な美味しさに、「レトルトなのよ」と言うと、皆さん、びっくり

新宿にある「ザ・コンランショップ」で買い物をした帰りに、必ず立ち寄る「パーク ハイアット 東京『デリカテッセン』」。よく陶器のポットに入ったパテやリエットを買っていました。先日、ふと見つけたレトルトカレー。興味を惹かれて1箱買い、食べてみたら……びっくりするほど本格的な味！ 濃厚で、しっかりと感じるスパイスの味、そして舌に残るピリピリ感、見事なレッドカレーでした。これは急なお客様のときにもいいわ！と、すぐに電話で注文。何箱か取り寄せ、ストックしてあります。食べた友人たちも、この美味しさに驚いています（笑）。

タイ レッドチキン カレー（250g）
約 750 円
※電話で注文可。

ギフトにしても喜ばれる

レトルトカレーなのに、"ハイアットらしい"かっこいいパッケージ。お店で頼めば、1箱でも素敵にパッキングしてくれるので、ちょっとした手土産としても使えます。

下鴨茶寮
料亭の合鴨ロース

鴨肉の旨みを改めて知る、
京都老舗料亭の"おばんざい"

　以前、友人を招いた際、持ってきてくれたこの"合鴨ロース"。しょうゆベースのたれで煮込んだ、日本人が大好きな"甘じょっぱい"味。ほんのり赤身が残っていて、とてもジューシー。鴨肉特有の臭みやクセがまったくなく、口にすればやわらかい……赤ワインがどんどん進む、"危険な味"です。一度食べてすっかり気に入ってしまい、自分でも取り寄せるように。
　下鴨茶寮は、京都の老舗料亭。いつか訪れてみたいと思っている憧れの場所です。その料亭が作る合鴨ロース、単品で出すこともありますが、前菜の一つとして用いることが多いかしら。いくつかある前菜の中に"料亭の味"が入ると、全体のクオリティが上がり、ゲストの方も喜ばれるのでおすすめです。

料亭の合鴨ロース（240g×2本）
約5000円
※「下鴨茶寮」オンラインショップで購入。

冷凍で届くので、解凍し、あとはスライスしてお出しするだけ。前菜としてや、「あともう一品」というときにも便利。ホームパーティに呼ばれた際には、差し入れとしても使います。赤ワインはもちろんですが、日本酒にもよく合います。

三春
笹巻きご飯

創業約70年の割烹料亭の味を
ゲストと楽しむ

年に一度、イベントのため、茨城県日立市に伺っています。その際、友人・岡田美里さんの従姉妹が営む、割烹料理店「三春」に立ち寄るのも楽しみの一つ。ここで出される、笹巻きご飯の美味しいことと言ったら！ 弾力あるもち米の中に、30年以上煮返してきた煮汁で、茨城県銘柄豚「常陸ローズポーク」を3日間かけて煮込んだ豚の角煮が入っているんです。具材はほかにも季節によって、うなぎやうになどそろいます。1個900円と聞くと驚くかもしれませんが、これが納得の美味しさとボリューム。"笹の葉に包んである"というだけでスペシャル感があるので、和のおもてなしの最後に出すと、とても喜ばれます。

笹巻きご飯
常陸ローズポーク約900円
うなぎ約1200円など
※電話（☎ 0294-22-1567）か
FAX（0294-22-1568）で購入可。

冷凍可なので、いつも冷凍庫にいくつか保存。お出しするときは電子レンジではなく、必ず蒸し器で蒸してお出しします（美味しさが違います！）。汁物やお新香を添えれば、立派な一膳に。

デザート

アンダーズ 東京 エクレア
味は全部で約9種類。
並んだ姿はまるでパレットのよう

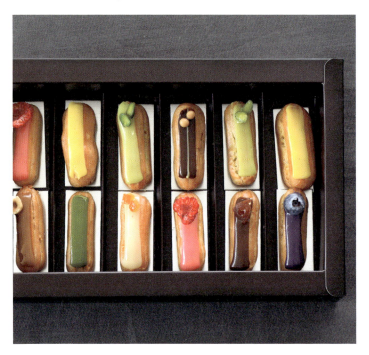

甘いものが好きな女性は、色々な種類を少しずつ食べて楽しみたいという人が多いですよね。だから私はよく、ケーキや焼き菓子をひと口サイズに切ってお皿に盛り、お出しします。こうすると"小さなケーキバイキング"のようになり、「いろんな味が楽しめて、飽きないわ」と、とても喜ばれるんですね。このエクレアは、長さ約6cm、"ふた口サイズ"。スイーツ好きの人なら、2〜3個は食べられるのではないでしょうか。味も約9種類あり（季節により変更）、なんと言っても並べたときにカラフルで、かわいいんですね。小さいながら、先端までしっかりとクリームが入っているのも魅力的です。

エクレアS（ラズベリー、バナナチョコレート、塩キャラメル、柚子、抹茶、ブルーベリー、ピスタチオ、洋梨、マロン）各約200円
※「アンダーズ 東京 ペストリーショップ」で購入。

お皿に並べてもかわいいですが、黒いシックな箱に包装してくれるので、私はあえて"このまま"お出しして、プレゼンテーションの一つにしています。お茶会、デザートのほか、手土産としても活躍しています。

やはり女性は、甘いものが大好き。「もうおなかいっぱい！」というときでも、「デザートあるけど？」と言うと、皆さん、目を輝かせます。実は私自身は、甘いものが得意ではありません。ここで紹介するのは、そんな私ですら、美味しい！と思ったデザートたちです。

フレデリック・カッセル ミルフイユ ヴァニーユ

味も見た目もシンプル＆スタイリッシュな、私好みのケーキ

ファンシーなケーキもありますが、私はケーキもシンプルなものが好きです。フルーツがクリームの中にたくさん入っていたり、トップにピンクのマカロンが飾ってあるようなデザインは、あまり得意ではなく……。このミルフイユも、最初はその飾りけのないシンプルな見た目に惹かれて買ったのですが、美味しくて！　よくあるどろっとしたカスタードクリームではなく、とてもエレガントでなめらかな口あたり。そんなクリームと絶妙なハーモニーを奏でるのが、サクサクの歯ごたえと香ばしさのあるパイ生地。なかなかの大きさですが、味が繊細なので、皆さん、ペロリと召し上がっています。後からのどが渇くような甘さじゃないのも、食べきれる理由かもしれません。

ミルフイユ ヴァニーユ
約720円
※銀座三越　地下2F
「フレデリック・カッセル」で購入。

食べごたえがあるので、食事の最後に出すというよりも、お茶会の"メインメニュー"として、使います。「NAGAE＋」の錫のお皿（22ページ）に盛り、「Sghr」のガラスのカトラリー（45ページ）を添えてお出ししています。

菊家(きくや)
上生菓子

大切に守られた技術が作り出す、四季の和菓子

茶道（裏千家）を習い始めて約20年。「菊家」さんには、おもてなしのときだけでなく、お茶のお稽古のときに使う和菓子も、お世話になっています。「菊家」は、東京・南青山にある、1935年創業の菓匠。顧客には、小説家の故・向田邦子さんや、林真理子さんがいらっしゃいます。

和菓子といえば誰もが知る「虎屋」や「鶴屋吉信」も好きですし、もちろん使いますが、「菊家」さんのように"ここでしか出会えない味"というのは、やはり魅力的。支店を置いたり、のれん分けをしたりせず、"一子相伝"で作り続けられている味を、一人でも多くのゲストに知っていただきたくて、お出ししています。

上生菓子1個 440円〜
※季節によってモチーフは異なる。

"ケーキに紅茶"ではなく、ときには和のお茶会もいいものです。お抹茶や緑茶を淹れ、上生菓子は、「アリタポーセリンラボ」（20ページ）や「NAGAE＋」（22ページ）、「高橋工芸」（24ページ）のお皿に盛りつけてみてはいかがでしょうか。

神戸酒心館(しゅしんかん)
福寿 酒粕アイス

にしき堂
ふ餅

急なお客様にも対応できる、"冷凍スイーツ"は常備しておくと便利

仕事の打ち合わせを自宅で行うことが多い私。そのときお出しするお茶には、ちょっとした甘いものを添えています。クッキーやチョコレートなどをお出しすることが多いのですが、それすらも買い置きがないときに便利なのが、"冷凍スイーツ"。中でもゲストの方々に好評なのが、このふ餅と酒粕アイス。ふ餅は、私の故郷・広島「にしき堂」のもの。「にしき堂」というともみじ饅頭を連想する人がほとんどだと思いますが、私にとっては、このふ餅のほうが親しみのある味なんですね。酒粕アイスは、夏になると義母が送ってくれるわが家の夏の風物詩。ちょっとめずらしいので、お出しするとゲストの皆さんが興味を持ってくださるんですよ。

右から、ふ餅（8個入り）約1300円
福寿 酒粕アイス（90ml）約310円
※アイスは電話（☎078-841-1121）で購入可。ふ餅はネット、電話（☎082-262-3131）で購入可。

ふ餅も酒粕アイスも、ケーキに比べるとずっと軽いので、食後のデザートとしても好評です。さっぱりとした口あたりなので、夏のおもてなしにも欠かせません。

Column
No.6

High & Low　私的ワインリスト

星の数ほど種類があるワイン。その中から、ワインエキスパートである私が、
自信を持って紹介できる10本をピックアップしました。

スペシャルな一本

**アンリ・ジロー／
シャンパーニュ
山本侑貴子
スペシャルエディション**

限定販売!
"私の"シャンパーニュ

創業380年。熟成した味わいで、イギリスやモナコの上流階級の人たちにも愛されてきた「アンリ・ジロー」のシャンパーニュ。その中でも最高峰の美味しさを誇る「フュ・ド・シェーヌ」のボトルに、名前を入れていただきました。

アンリ・ジロー
フュ・ド・シェーヌ
マルチヴィンテージ
山本侑貴子スペシャルエディション
(750ml) 約2万2000円
※ネットで購入可。ただし限定品のため、数に限りあり。
※山本侑貴子の名前入りでないものはいつでも購入可。

1万円以内

テタンジェ／シャンパーニュ

華やかなエチケットは女子会にぴったり

「テタンジェ」は、映画「007」にも出てくるシャンパーニュを作るメーカー。この「ノクターン」は、ほのかな甘みがあり、食後のデザートワインとしても楽しめます。マカロンやゼリーと合わせるのも好きです。

テタンジェ ノクターン
(750ml) 約9000円
※「松屋銀座」で購入。

フィリップ・パカレ／赤

世界一エレガントな味わいのワイン

シャンボール・ミュジニーという土地で作られたワインは、バラやすみれを感じさせる華やかなアロマを持ち、"最も優雅な味わい"と言われます。食事のラストに、パンやチーズと一緒に、"ワインそのもの"を楽しんでほしい一本。

フィリップ・パカレ
シャンボール・ミュジニー 2008
(750ml) 約8500円
※「WINE MARKET PARTY」で購入。

メゾン・ルロワ／赤

このブランドでこの値段は買い！

ワイン業界では有名すぎる"マダム・ルロワ"。彼女の名前が冠についたワインで、まずいものはないと言っても過言ではありません。この赤は、「いのしし肉のパテ」(79ページ) や「テット・ド・モワンヌ」(81ページ) と一緒にどうぞ。

メゾン・ルロワ
ブルゴーニュ・ルージュ 2003
(750ml) 約7000円
※「髙島屋」で購入。

5000円以下の白ワイン

オー・ボン・クリマ

サンドイッチパーティに合わせたい！

白桃やアプリコットの香りを感じさせるさわやかなカリフォルニアワイン。ランチタイムやカジュアルなおもてなしのときに重宝しています。えびやかにのサラダやサンドイッチと好相性。エチケットの絵は、日本人が手がけたもの。

オー・ボン・クリマ
シャルドネ サンタバーバラ
ツバキラベル 2013（750ml）
約3000円
※「松屋銀座」で購入。

セイズファーム

和食のときにお出ししている、日本のワイン

富山県氷見市にあるワイナリー「セイズファーム」で作られたシャルドネ。熟したフルーツの香りを持ち、コクと深みを感じる一本です。美味しさもさることながら、フォントだけのおしゃれなエチケットも大好きなんです。

セイズファーム
シャルドネ 2014（750ml）
約3600円
※ネットで購入。

フィリップ・ボールナール

手土産にも使える、こだわりの自然派ワイン

農薬、化学肥料、除草剤などを使わず育てた高品質な白ぶどうのみを使用。"シャルドネ好き"に出したら、必ず喜ばれるクオリティのワインです。しっかりとした味わいなので、クリームやバターを使った料理と合います。

アルボワ・ピュピラン・ブラン ル・ブラン・ド・ラ・ルージュ 2010（750ml）
約4000円
※ネットで購入。

5000円以下の赤ワイン

モルドバワイン
ゲストが興味津々。めずらしい東欧のワイン

ルーマニアとウクライナの間にあるモルドバ共和国。このワインは、東欧圏で作られています。口に含めば、カシスとチェリーの香りが広がります。濃厚でボリュームがある味です。

モルドバワイン
ドール ピノノワール（750ml）
約 2100 円
※ネットで購入。

シャトー・レスタージュ
このクオリティで、信じられないお手頃価格

ボルドーワインでこのヴィンテージ（収穫年のこと）で、2000円台というのは超お買い得！ 完熟が進んだプラムやプルーンの香りとともに、ワイン特有の熟成した風味が口に広がります。ビーフシチューやすきやきに合わせて。

シャトー・レスタージュ・シモン 1996（750ml）
約 2900 円
※「WINE MARKET PARTY」で購入。

ショブルック・ワインズ
ワイン通にこそ飲ませたい、個性的な一本

エチケットに惹かれて、"ジャケ買い"してしまった一本ですが、リッチで重ためな味わいで美味しかったんです。自然派の個性的な味なので好き嫌いは分かれると思いますが、私はスパイスを利かせた肉料理に合わせたいですね。

ショブルック・ワインズ
トミーラフ 2013（750ml）
約 5000 円
※ネットで購入。

おわりに

こうして改めて自分のテーブルウェアをまとめてみますと、未だに自分の好みが日々変化していることに気づきます。

器やカトラリーには、それ自体に世界観があり、選んでいるだけでも楽しいものです。

旅先で……、ふと立ち寄ったセレクトショップで……。私はいつも、テーブルウェアを見ながら、使い方に想像を膨らませ、楽しんでいます。

この本を企画、編集してくださった児玉響子さん、講談社の篠原紀子さん、そして、ひとつひとつの持つ魅力を最大限に引き出してくださったカメラマンの青砥茂樹さん、素敵なセンスでデザインしてくださった若井裕美さんには心より御礼申し上げます。同じチームで再び本を製作することができ、喜びもひとしおです。

そして、この本を手に取ってくださった皆さま、ありがとうございました！

山本侑貴子

SHOP LIST

アンダーズ 東京 ペストリーショップ (P86)
☎ 03-6830-7765

菊家 (P88)
☎ 03-3400-3856

神戸酒心館 (P89)
☎ 078-841-1121
http://www.shushinkan.co.jp

下鴨茶寮 (P84)
☎ 075-692-2001

中勢以 本店 (P82)
☎ 03-5755-5678

中谷本舗 (P80)
☎ 0120-234-888

にしき堂 (P89)
☎ 082-262-3131
http://www.nisikido.co.jp

フレデリック・カッセル (P87)
☎ 03-3562-1111 （銀座三越代表）

三春 (P85)
☎ 0294-22-1567

山本侑貴子
やまもと・ゆきこ

食空間プロデューサー。株式会社 dining & style 代表。

慶應義塾大学卒業後、外資系証券会社でトレーダーアシスタントを経て、結婚。出産後、趣味で始めた料理やテーブルコーディネートが評判となり、1999 年にテーブルコーディネートの楽しさを伝える dining & style を自宅でスタート。2007 年以降、プロフェッショナルを養成する dining & style 認定講座を東京と大阪で開講。デパート、インテリアショップ、レストラン、イベントなどのディスプレイやスタイリングのほか、商品開発のデザインワークも手がける。「成城石井セレクト」の商品開発・店舗プロデュースや日本航空のファーストクラス・ビジネスクラスラウンジ（羽田・成田）の空間コーディネートのほか、NHK 朝の情報番組「あさイチ」の「夢の 3 シェフ競演」コーナースタイリングも担当。「ウェッジウッド」「ル・クルーゼ」「ノリタケ」「ハウス食品」「ニッコー」「Sghr」「クリストフル」「タオル美術館」など、企業のスタイリングも多数手がける。
ワイン、シャンパーニュにも造詣が深く、ワインエキスパートの資格を持つ。2008 年フランス・シャンパーニュ騎士団より、シュヴァリエを受章。2014 年には、日本ソムリエ協会のソムリエ・ドヌール（名誉ソムリエ）に就任。
著書に『わたしのおもてなし　Welcome Table』『おもてなし 12 か月　特別な日のテーブルスタイリング＆レシピ』（以上、アスペクト）、『おもてなしの教科書』（ワニブックス）、『予算 3000 円以内のテーブルコーディネートで　初めてのおもてなしレッスン』（講談社）がある。

公式ホームページ　http://diningandstyle.com/　公式ブログ　http://ameblo.jp/diningandstyle/

ブックデザイン
若井裕美

撮影
青砥茂樹（本社写真部）

構成・編集
児玉響子（Koach & Wong）

講談社の実用 BOOK
テーブルコーディネートのプロが教える
素敵なおもてなし厳選アイテム 80

2016 年 1 月 22 日　第 1 刷発行

著　者　山本侑貴子　　©Yukiko Yamamoto 2016, Printed in Japan

発行者　鈴木　哲
発行所　株式会社　講談社　〒112-8001　東京都文京区音羽 2-12-21
　　　　編集　03(5395)3527　販売　03(5395)3606
　　　　業務　03(5395)3615
印刷所　凸版印刷株式会社
製本所　株式会社国宝社

●落丁本・乱丁本は、購入書店名を明記のうえ、小社業務あてにお送りください。
●送料小社負担にてお取り替えいたします。
●なお、この本の内容についてのお問い合わせは生活実用出版部 第一あてにお願いいたします。
●本書のコピー、スキャン、デジタル化等の無断複製は著作権法上での例外を除き禁じられています。本書を代行業者等の第三者に依頼してスキャンやデジタル化することは、たとえ個人や家庭内の利用でも著作権法違反です。

定価はカバーに表示してあります。
ISBN 978-4-06-299840-6